Ensino Fundamental | Anos finais | 6º ano
Componente curricular: Arte

MARIANA LIMA MUNIZ
Título Superior em Teatro pela Real Escuela Superior de Arte Dramático de Madrid (Espanha).
Doutora em Teatro pela Universidad de Alcalá (Espanha).
Professora da Escola de Belas Artes da Universidade Federal de Minas Gerais (UFMG).
Autora de livro didático de Arte.
Atriz e diretora teatral.

MAURILIO ROCHA
Estudos Avançados em Ciências Musicais pela Faculdade de Ciências Sociais
e Humanas da Universidade Nova de Lisboa (Portugal).
Pós-doutor pelo Instituto de Etnomusicologia da Faculdade de Ciências Sociais e Humanas da Universidade
Nova de Lisboa e pela Escola Superior de Teatro e Cinema do Instituto Politécnico de Lisboa (Portugal).
Professor da Escola de Belas Artes da UFMG.
Autor de livro didático de Arte.
Músico.

RODRIGO VIVAS
Licenciado em História pelo Instituto de Ciências Humanas e
Sociais da Universidade Federal de Ouro Preto (UFOP).
Mestre em História pela UFMG.
Doutor em História da Arte pela Universidade Estadual de Campinas (Unicamp).
Professor da Escola de Belas Artes da UFMG.
Diretor de Ação Cultural da UFMG.
Membro da Associação Brasileira de Críticos de Arte.

ANA CRISTINA CARVALHO PEREIRA
Licenciada em Pedagogia pelo Centro Universitário de Belo Horizonte (UniBH).
Mestra em Educação Tecnológica (Linguagem e Cognição) pelo Centro Federal de Educação
Tecnológica de Minas Gerais (Cefet-MG).
Doutora em Estudos Linguísticos pela UFMG.
Professora da Escola de Belas Artes da UFMG.
Maître, bailarina e coreógrafa.

São Paulo, 2ª edição, 2022

*"Em respeito ao meio ambiente, as folhas deste livro foram produzidas
com fibras obtidas de árvores de florestas plantadas, com origem certificada"*

Rumos da Arte 6
© SM Educação
Todos os direitos reservados

Direção editorial Cláudia Carvalho Neves
Gerência editorial Lia Monguilhott Bezerra
Gerência de *design* e produção André Monteiro
Edição executiva Ana Luiza Couto
Edição: Joana Junqueira Borges, Luana Satiko Hirata
Assistência de edição: Natália Feulo
Suporte editorial: Fernanda de Araújo Fortunato
Coordenação de preparação e revisão Cláudia Rodrigues do Espírito Santo
Preparação e revisão: Clara Fernandes, Renata Tavares
Coordenação de *design* Gilciane Munhoz
***Design*:** Paula Maestro
Coordenação de arte Andressa Fiorio
Edição de arte: João Negreiros
Assistência de produção: Júlia Stacciarini Teixeira
Coordenação de iconografia Josiane Laurentino
Pesquisa iconográfica: Bianca Fanelli
Tratamento de imagem: Marcelo Casaro
Capa Paula Maestro
Ilustração da capa: Heitor Kimura
Imagens de capa: Francesco Scatena/Shutterstock.com ID/BR
Iryna Inshyna/Shutterstock.com/ID/BR
yonikamoto/Shutterstock.com/ID/BR
Prystai/Shutterstock.com/ID/BR
Projeto gráfico Matheus Spada Zati, Simone Scaglione
Pré-impressão Américo Jesus
Fabricação Alexander Maeda
Impressão Piffeprint

Em respeito ao meio ambiente, as folhas deste livro foram produzidas com fibras obtidas de árvores de florestas plantadas, com origem certificada.

Dados Internacionais de Catalogação na Publicação (CIP)
(Câmara Brasileira do Livro, SP, Brasil)

Rumos da arte : 6º ano : ensino fundamental : anos
finais / Mariana Lima Muniz... [et al.]. --
2. ed. -- São Paulo : Edições SM, 2022.

Outros autores: Maurilio Rocha, Rodrigo Vivas, Ana
Cristina Carvalho Pereira
Componente curricular: Arte.
ISBN 978-85-418-2861-1 (aluno)
ISBN 978-85-418-2862-8 (professor)

1. Arte (Ensino fundamental) I. Muniz, Mariana Lima. II.
Rocha, Maurilio. III. Vivas, Rodrigo. IV. Pereira, Ana Cristina
Carvalho.

22-112155 CDD-372.5

Índice para catálogo sistemático:
1. Arte : Ensino fundamental 372.5

Cibele Maria Dias – Bibliotecária – CRB-8/9427

2ª edição, 2022
2ª impressão, janeiro 2024

SM Educação
Avenida Paulista, 1842 – 18º andar, cj. 185, 186 e 187 – Condomínio Cetenco Plaza
Bela Vista 01310-945 São Paulo SP Brasil
Tel. 11 2111-7400
atendimento@grupo-sm.com
www.grupo-sm.com/br

Apresentação

Caro(a) estudante,

Nosso dia a dia está repleto de desafios, que nos levam a buscar soluções inteligentes e criativas para superá-los. A arte é uma área do conhecimento que desenvolve a criatividade, a imaginação, a comunicação verbal e não verbal e a habilidade de interação entre as pessoas. Por meio da arte, podemos encontrar formas diferentes de expressar e comunicar nossas ideias, sentimentos e sensações, utilizando, para isso, cores, texturas, linhas, gestos, palavras e sons.

Nesta coleção, vamos explorar materialidades, técnicas e processos criativos da arte por meio de experiências com o fazer artístico. Também vamos conhecer os contextos histórico, social e cultural das produções artísticas contemporâneas e de outras épocas no Brasil e no mundo, identificando as diversas matrizes estéticas e culturais que as compõem. Com a produção e a contextualização, vamos desenvolver a leitura de obras produzidas tanto por artistas profissionais como por você e seus colegas de classe. Dessa forma, trabalharemos a experiência prática em arte, o conhecimento sobre arte e a habilidade de apreciar manifestações artísticas em suas diversas linguagens: visual e audiovisual, cênica (teatro, dança e circo) e musical.

Esperamos que o aprofundamento no universo da arte contribua para a ampliação do seu olhar sobre a produção artística da sua comunidade, do seu país e do mundo. Também pretendemos que, pelo contato com a arte na escola por meio desta obra, você vivencie o fazer artístico de forma contextualizada, desenvolvendo habilidades que vão contribuir para o exercício pleno da cidadania, para uma qualidade de vida melhor e para a continuidade de seus estudos e posterior atuação profissional.

Os autores

Conheça seu livro

Este é seu livro de Arte, e ele vai acompanhá-lo durante todo o ano letivo. Vamos conhecê-lo?

Abertura de Unidade
Imagem e texto introduzem o assunto de cada Unidade.

Trocando ideias
No início da Unidade, esta seção pretende explorar suas opiniões e seus conhecimentos prévios sobre os conteúdos que serão abordados.

Glossário
Apresenta o significado de expressões e palavras destacadas ao longo do texto.

Explorando na rede
Atividade de pesquisa para você investigar informações na internet.

Outras vozes
Reportagens e entrevistas com artistas para você conhecer seus processos criativos, opiniões e rotinas.

Arte do amanhã
Seção que trata de temas que revelam como a arte contribui para a construção de um futuro mais democrático, sustentável e igualitário.

4

NÃO ESCREVA NESTE LIVRO.

Atividade em grupo

 Atividade oral

 Áudio

Veja o que os ícones da coleção representam:

Mãos à obra

Seção em que são propostas atividades práticas relacionadas às diferentes linguagens artísticas.

Atividades

Seção com atividades que vão auxiliar você na compreensão dos conteúdos trabalhados.

Trocando ideias

No final da Unidade, esta seção pretende evidenciar os conhecimentos que você desenvolveu sobre os conteúdos apresentados.

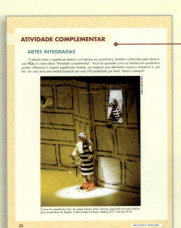

Atividade complementar: Artes integradas

Você vai explorar e investigar novos conhecimentos para construir e criar em uma atividade que envolve duas ou mais linguagens artísticas.

Em poucas palavras

Seção em que você vai revisar os conteúdos estudados na Unidade.

Para ler, ouvir e ver

Indicações de filmes, livros, sites e músicas relacionados aos conteúdos estudados na Unidade.

NÃO ESCREVA NESTE LIVRO.

5

Sumário

1 Processos criativos em teatro, 8

Trocando ideias, 8

1 Diversidade de temas e inspirações, 10
- Outras vozes, 13

O corpo no teatro, 14
- Mãos à obra – Estátuas humanas!, 15

2 Texto e espetáculo, 21

O autor toma a cena, 24
- Explorando na rede – Adaptações cinematográficas e teatrais, 25

3 Texto e espetáculo na atualidade, 26
- Arte do amanhã – Teatro para todos, 29
- Trocando ideias, 30
- Em poucas palavras, 30
- Para ler, ouvir e ver, 31

Atividade complementar: Artes integradas, 32

2 Processos criativos em artes visuais, 48

Trocando ideias, 48

1 Os estímulos para o processo criativo, 50

2 Diferentes expressões artísticas: técnicas, materiais e suportes, 51

Grafite, 51
- Outras vozes, 54

Nas paredes das cavernas, 55
Pintura, 56
Desenho, 62
- Mãos à obra – A cidade da turma, 63

Gravura, 64
Escultura, 66
- Arte do amanhã – Arte sustentável, 68

3 A mistura de expressões artísticas na contemporaneidade, 69

Colagem, 70
- Mãos à obra – Colagem digital, 72
- Trocando ideias, 73
- Em poucas palavras, 73
- Para ler, ouvir e ver, 73

3 Processos criativos em dança, 74

Trocando ideias, 75

1 O estudo do movimento, 76

Diferentes possibilidades de movimento, 77

- Mãos à obra – Dançando as ações corporais, 79
- Mãos à obra – Relação entre espaço e movimento, 83
- Arte do amanhã – A importância da alimentação para quem dança, 86

2 Novas maneiras de entender e fazer dança, 87

- Explorando na rede – A criação de uma coreografia, 90
- Outras vozes, 91
- Trocando ideias, 92
- Em poucas palavras, 93
- Para ler, ouvir e ver, 93

4 Processos criativos em música, 94

Trocando ideias, 95

1 Fazer música é criar, 96

Timbre, 97
- Atividades, 98
- Atividades, 100

Intensidade, 101
- Atividades, 103

Altura, 104
- Atividades, 106

Duração, 107
- Atividades, 107

Pausa, 109

2 A criação de uma canção, 110

- Explorando na rede – A criação de um álbum musical, 117

3 A composição na música de concerto, 118

- Atividades, 119
- Arte do amanhã – Orquestra Maré do Amanhã, 120

4 *Rap*: poesia, duelos cantados e improvisação, 121

Outros duelos de poesia e música, 123
- Mãos à obra – Torneio de MCs, 125
- Trocando ideias, 127
- Em poucas palavras, 127
- Para ler, ouvir e ver, 127

Referencial bibliográfico comentado, 128

NÃO ESCREVA NESTE LIVRO.

UNIDADE 1
PROCESSOS CRIATIVOS EM TEATRO

Processo criativo é o nome dado ao processo de elaboração em que um artista ou um coletivo de artistas faz suas experimentações e realiza escolhas, tendo em vista o resultado final. A imagem desta abertura mostra uma cena do espetáculo *Borboletário*, peça de teatro cujo processo criativo consistiu em explorar gestos manuais com tecidos e outros objetos sem utilizar a linguagem falada.

Não vemos na foto o processo criativo em si, mas sim o resultado dele, que é apresentado ao público. Esta Unidade tratará desse processo em teatro, mas ele não é exclusividade dessa arte – acontece em várias outras linguagens artísticas e atividades criativas dos seres humanos.

TROCANDO IDEIAS

- Converse com os colegas e o(a) professor(a) sobre processos criativos e responda às perguntas a seguir.

a) Em quais momentos de seu dia a dia você sente que está sendo criativo?

b) Observe com atenção a fotografia do espetáculo. Quais imagens são sugeridas pelo movimento do lenço? E quais sensações e reações elas provocam em você?

c) Você já participou de algum processo criativo na escola ou em outros espaços? Como foi essa experiência?

Espetáculo *Borboletário*, do grupo Zepelim Conte Outra Vez, cujas histórias são contadas por meio da manipulação de objetos e sem o uso da fala. Fortaleza (CE). Foto de 2017.

1 Diversidade de temas e inspirações

O teatro é uma arte que envolve elementos de muitas outras artes. A música pode estar presente nos efeitos sonoros que, muitas vezes, compõem a sonoplastia e a trilha sonora de um espetáculo. As formas, as cores e as texturas de cenários, figurinos e luzes são contribuições das artes visuais. A movimentação e o trabalho corporal dos atores no espaço da peça podem ser auxiliados pela dança e por outras artes do corpo. A composição do texto dramático está conectada com a literatura; e a projeção de imagens em telas e cenários, com o cinema e o audiovisual. E isso apenas para citar alguns exemplos.

Assim, vários tipos de estímulos podem dar início a um processo criativo teatral ou estar integrados a ele. Não existe apenas uma forma de criar em teatro. E é a diferença entre os processos criativos que determina, muitas vezes, os distintos estilos de obras e grupos teatrais.

Espetáculo *Bê a Bach*, das companhias Furunfunfum e Noz de Teatro. São Paulo (SP). Foto de 2017.

As composições musicais do alemão Johann Sebastian Bach (1685-1750) foram inspiração para o espetáculo *Bê a Bach*, produzido pelas companhias Furunfunfum e Noz de Teatro, em cartaz desde 2017. As obras do compositor são tocadas ao vivo por um **flautista**, um **violonista** e um **violoncelista**, e combinadas com arranjos produzidos em computadores. O espetáculo incorpora elementos circenses que auxiliam os atores e os dançarinos na criação de imagens por meio de posicionamentos corporais inusitados e da exploração de acrobacias aéreas, além de apresentar referências ao contexto histórico de Bach. Leia o trecho de uma reportagem sobre o espetáculo:

> As cenas não têm diálogos e as coreografias contemporâneas transformam as bailarinas em seres fantásticos, objetos e pessoas da época em que viveu o compositor, entre 1685 e 1750. Alguns figurinos e elementos cenográficos foram incorporados do circo, como o **tecido acrobático**.
>
> Luiza Garonce. Espetáculo apresenta composições de Bach para crianças a partir de 1 ano no DF. *G1*, 4 jan. 2018. Disponível em: https://g1.globo.com/df/distrito-federal/noticia/espetaculo-apresenta-composicoes-de-bach-para-criancas-a-partir-de-1-ano-no-df.ghtml. Acesso em: 3 fev. 2022.

Flautista: instrumentista que toca flauta.
Violonista: instrumentista que toca violão.
Violoncelista: instrumentista que toca violoncelo.
Tecido acrobático: aparelho aéreo circense feito com um tecido especial que é amarrado a uma estrutura alta. É utilizado para a realização de evoluções acrobáticas.

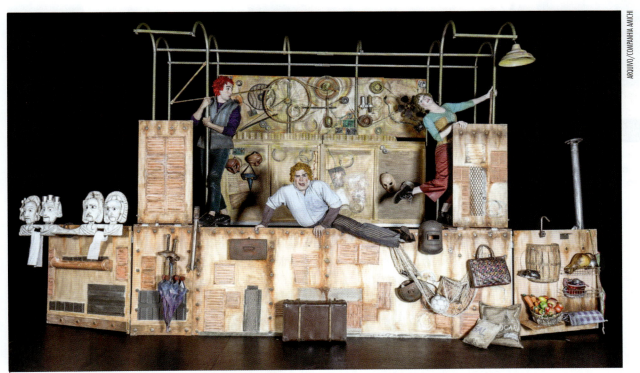

Cena do espetáculo teatral argentino *Aquele louco elenco*, da Companhia Amichis. Buenos Aires, Argentina. Foto de 2018.

O próprio teatro também pode ser inspiração para a criação de um espetáculo teatral. Esse recurso, que é igualmente utilizado em outras artes, chama-se **metalinguagem**. Na peça *Aquele louco elenco*, da Companhia Amichis, da Argentina, as personagens são três artistas de rua que percorrem a história do teatro e experimentam diversos gêneros teatrais durante um ensaio. Nessa exploração, os artistas buscam encontrar o tipo de espetáculo mais adequado para eles.

Metalinguagem: o uso de uma linguagem para falar de si mesma.

11

As atrizes Eliana Carneiro e sua filha Naira Carneiro em cena do espetáculo *O marajá sonhador e outras histórias*, da Cia. Os Buriti, no Rio de Janeiro (RJ). O espetáculo foi criado no ano de 2004 e já foi apresentado em todas as regiões do Brasil.

Além da metalinguagem e da música, vistas anteriormente, outra possível fonte de inspiração para processos criativos são as histórias tradicionais do Brasil e de outras culturas. Essas histórias, geralmente, são passadas de geração para geração e contadas oralmente. As situações narradas ganham força por meio dos gestos e da voz de cada contador, que também pode usar elementos como roupas, objetos e instrumentos musicais para dar vida à história.

O marajá sonhador e outras histórias, da Cia. Os Buriti, é uma peça teatral composta de seis histórias tradicionais que apresentam desafios e mudanças da vida. De acordo com o *site* da companhia, o processo criativo do espetáculo buscou:

> [...] soluções cênicas simples e refinadas, com o acompanhamento de música ao vivo e tem como referência a tradição oral dos antigos contadores de histórias. Outra singularidade da peça é a presença de mãe e filha em cena numa profunda sintonia gestual e vocal. [...]
>
> Os Buriti. *O marajá sonhador e outras histórias*. Disponível em: http://osburiti.com.br/project/o-maraja-sonhador-e-outras-historias/. Acesso em: 3 fev. 2022.

OUTRAS VOZES

A Cia. Os Buriti tem um projeto chamado Caravana Buriti, com o qual viaja, em uma "casa motorizada", por várias cidades da Região Centro-Oeste do Brasil. A caravana se apresenta em praças, centros comunitários, ginásios e escolas, e oferece também oficinas para professores.

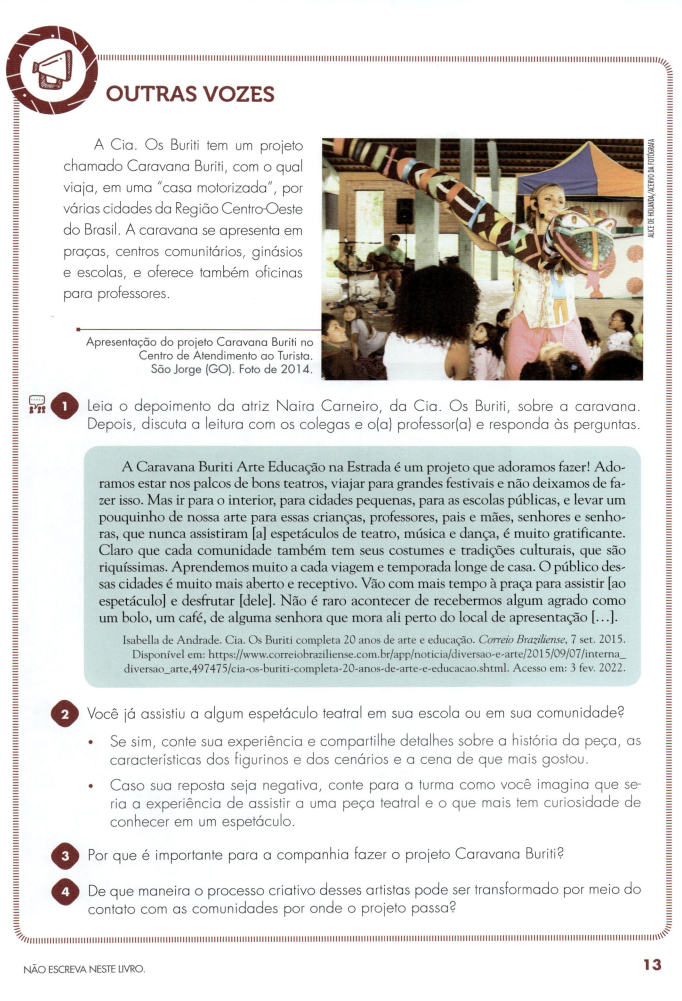

Apresentação do projeto Caravana Buriti no Centro de Atendimento ao Turista. São Jorge (GO). Foto de 2014.

1 Leia o depoimento da atriz Naira Carneiro, da Cia. Os Buriti, sobre a caravana. Depois, discuta a leitura com os colegas e o(a) professor(a) e responda às perguntas.

> A Caravana Buriti Arte Educação na Estrada é um projeto que adoramos fazer! Adoramos estar nos palcos de bons teatros, viajar para grandes festivais e não deixamos de fazer isso. Mas ir para o interior, para cidades pequenas, para as escolas públicas, e levar um pouquinho de nossa arte para essas crianças, professores, pais e mães, senhores e senhoras, que nunca assistiram [a] espetáculos de teatro, música e dança, é muito gratificante. Claro que cada comunidade também tem seus costumes e tradições culturais, que são riquíssimas. Aprendemos muito a cada viagem e temporada longe de casa. O público dessas cidades é muito mais aberto e receptivo. Vão com mais tempo à praça para assistir [ao espetáculo] e desfrutar [dele]. Não é raro acontecer de recebermos algum agrado como um bolo, um café, de alguma senhora que mora ali perto do local de apresentação [...].
>
> Isabella de Andrade. Cia. Os Buriti completa 20 anos de arte e educação. *Correio Braziliense*, 7 set. 2015. Disponível em: https://www.correiobraziliense.com.br/app/noticia/diversao-e-arte/2015/09/07/interna_diversao_arte,497475/cia-os-buriti-completa-20-anos-de-arte-e-educacao.shtml. Acesso em: 3 fev. 2022.

2 Você já assistiu a algum espetáculo teatral em sua escola ou em sua comunidade?

- Se sim, conte sua experiência e compartilhe detalhes sobre a história da peça, as características dos figurinos e dos cenários e a cena de que mais gostou.
- Caso sua reposta seja negativa, conte para a turma como você imagina que seria a experiência de assistir a uma peça teatral e o que mais tem curiosidade de conhecer em um espetáculo.

3 Por que é importante para a companhia fazer o projeto Caravana Buriti?

4 De que maneira o processo criativo desses artistas pode ser transformado por meio do contato com as comunidades por onde o projeto passa?

O corpo no teatro

Um elemento muito importante para a criação de cenas teatrais é a exploração do corpo humano. Nos mais diversos tipos de teatro, o corpo dos atores pode expressar e comunicar grande diversidade de ideias e sensações. A fala é o centro da ação em alguns espetáculos, e em outros o corpo e sua capacidade de criar imagens tomam a cena.

O grupo Gaia Teatro, composto de uma atriz bósnia e dois atores peruanos, pesquisa o teatro de figuras e usa partes do corpo humano na composição de seres fictícios. No espetáculo *O mundo de Fingerman*, esses seres viajam pelos quatro elementos (água, fogo, terra e ar) e exploram o prazer e o sofrimento da vida. O interessante no trabalho do grupo é sua habilidade de construir figuras e imagens com partes do corpo humano e de criar uma narrativa capaz de se comunicar com o público sem utilizar a fala. Para isso, o grupo trata também de temas como a jornada de autodescoberta vivida pela personagem Fingerman (palavra derivada da língua inglesa que significa "Homem-Dedo").

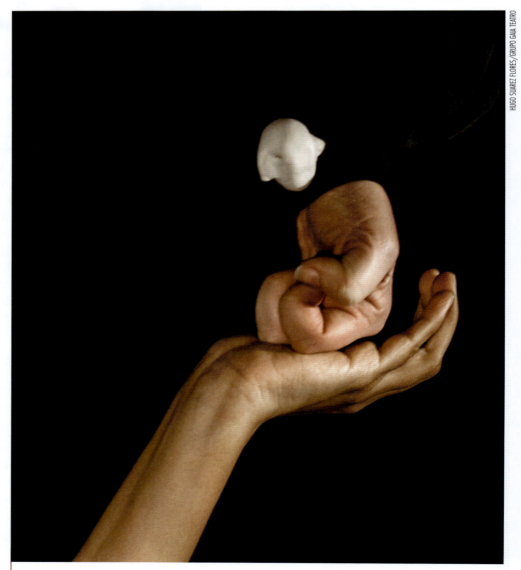

Cena do espetáculo *O mundo de Fingerman*, do grupo Gaia Teatro, em Chaclacayo, povoado próximo a Lima, no Peru. Foto de 2019.

MÃOS À OBRA

Estátuas humanas!

Você vai explorar o próprio corpo e suas articulações – uniões entre os ossos do esqueleto – para criar imagens estáticas, ou seja, que não se movimentam. Para isso, o trabalho em grupo vai ser muito importante.

Etapa 1 – Jogo da marionete

 1 Organizem a sala de aula de modo que haja um espaço livre para a experimentação dos exercícios. Formem trios ou quartetos. Em seguida, escolham o estudante que será a marionete no grupo. Os demais serão os marionetistas, ou seja, os que vão manipular a marionete.

2 A marionete ficará de pé, no centro de uma roda formada por seu grupo, e poderá participar do jogo com os olhos fechados ou abertos.

3 Os marionetistas, um de cada vez, vão tocar em uma articulação da marionete, como aquelas presentes nos cotovelos, no pescoço, nas mãos, nos dedos, nos punhos, nos ombros, nos joelhos, etc. Cada marionetista deverá tocar em uma articulação diferente daquela já escolhida pelos colegas. Lembre-se de que o toque deve ser consentido e respeitoso.

4 A marionete vai movimentar apenas a articulação tocada pelo marionetista e, em seguida, permanecerá nessa posição, como se estivesse congelada.

5 Quando outro marionetista tocar em uma articulação diferente, a marionete vai se movimentar sem desfazer o posicionamento anterior.

6 Quando o(a) professor(a) avisar, o grupo vai escolher uma nova marionete, e assim por diante, até que todos tenham experimentado esse papel no jogo.

Etapa 2 – Explorando as articulações

1. A atividade é individual, mas toda a turma participará ao mesmo tempo. Escolha um espaço na sala de aula e sente-se no chão. Lembre-se de manter a coluna ereta.

2. O(A) professor(a) produzirá um estímulo sonoro, que pode ser uma música ou ritmos tocados em algum instrumento musical. Enquanto isso, você vai movimentar e observar as articulações de suas mãos. Preste atenção nos tipos de movimento que elas conseguem fazer.

3. Em seguida, movimente as articulações dos cotovelos, dos ombros, do pescoço e da coluna vertebral. Você pode mudar de posição, mas não se locomova pelo espaço.

4. Depois de explorar os membros superiores e a coluna vertebral, movimente as articulações das pernas, do quadril, dos joelhos e dos pés. Nesse momento, caso deseje, você pode se deslocar pelo espaço.

5. Enquanto você e os colegas se movimentam e exploram as articulações do corpo, o(a) professor(a) vai fazer um sinal para indicar que vocês devem "congelar" na posição em que estiverem, como se tivessem virado estátuas.

6. O(A) professor(a) circulará pela sala de aula. Quando ele(a) tocar seu ombro, "descongele" e vá para um canto da sala, juntando-se aos colegas que já foram "descongelados"

7. Observe os colegas que continuam como estátuas e compartilhe com a turma se o posicionamento deles é semelhante a algo que você reconhece, como uma borboleta saindo do casulo, uma pessoa sinalizando para um ônibus, um bebê engatinhando, etc.

Etapa 3 – Formando estátuas com o corpo

Agora que já está mais consciente das possibilidades de seu corpo, você vai experimentar imagens corporais estáticas. Você já viu estátuas em praças, parques, museus ou fotografias? Você notou como algumas parecem estar lutando; outras, sorrindo; e há ainda aquelas que parecem estar sofrendo ou pensando? A criação de estátuas pode ser inspirada em sentimentos, ideias, ações, etc.

A proposta desta atividade é que você forme estátuas com seu corpo e tenha como inspiração palavras ditas pelo(a) professor(a), mas sem pensar muito. Trabalhe com a primeira ideia que vier a sua cabeça!

1. O(A) professor(a) vai dizer uma palavra como **vitória**, e você vai formar uma estátua com seu corpo usando-a como ponto de partida. O(A) professor(a) também estipulará o tempo que você terá para criar a estátua.

2. Depois que todos os estudantes experimentarem o jogo individualmente, a turma será organizada em dois grupos.

3. O(A) professor(a) vai dizer algumas palavras que apenas um grupo utilizará para formar estátuas; o outro observará as criações, levando em consideração as seguintes perguntas: As estátuas estão expressando e comunicando a palavra dita pelo(a) professor(a)? Se sim, em que parte do corpo isso se expressa de forma mais evidente? Se não, existiria algum pequeno ajuste, feito com alguma parte do corpo, que deixaria a ideia da palavra proposta mais evidente? As estátuas podem tentar se ajustar com base em sugestões do(a) professor(a) e dos colegas, dando continuidade à experimentação. Por fim, os grupos invertem os papéis no jogo.

Etapa 4 – Produzindo um *stop motion*

Stop motion é uma técnica de animação que cria a impressão de movimento por meio da captura fotográfica de uma sequência de quadros. Cada quadro é montado para ser a continuação do anterior. Por exemplo, o primeiro quadro é montado com uma pessoa segurando um copo, e o segundo quadro apresenta a pessoa tomando o conteúdo que está dentro do copo. A exibição em sequência das fotografias desses quadros vai gerar uma cena animada.

Você vai produzir agora uma animação em *stop motion*. Lembre-se de que a animação em questão não terá falas. O desafio é mostrar uma situação somente com a sequência de fotografias e, para isso, a expressividade do corpo é essencial para comunicar as ideias.

Como fazer:

1. Formem grupos com quatro ou cinco integrantes.

2. Criem a ideia de uma situação que desejam transformar em um *stop motion*. Por exemplo: duas pessoas se movimentam uma em direção à outra. Elas se avistam e se cumprimentam.

3. Planejem, quadro a quadro, as fotografias que vão ser tiradas. Vocês podem desenhar os quadros para que o planejamento seja também visual. Por exemplo:

- Quadro 1: Duas pessoas se movimentam uma em direção à outra. A pessoa 1 estará no canto esquerdo da foto; e a pessoa 2, no canto direito. Ambas olham para o chão.

- Quadro 2: As pessoas estão mais próximas uma da outra, mas a pessoa 1 está com a cabeça levantada e avista a pessoa 2, que continua com a cabeça abaixada.

- Quadro 3: A pessoa 1 está mais próxima da pessoa 2 e com uma das mãos estendida em direção a ela.

- Quadro 4: A pessoa 2 estende uma das mãos em direção à pessoa 1. Elas tocam as mãos, cumprimentando-se.

4 Ensaie com os colegas os diferentes posicionamentos previstos.

5 Com o auxílio de uma câmera fotográfica ou de um *smartphone*, o grupo deve tirar pelo menos uma fotografia de cada quadro planejado. Quanto maior o registro de pequenas variações da cena, mais clara será a ideia de movimento contínuo.

6 Organizem as fotos na sequência e apresentem para a turma. Existem vários programas gratuitos disponíveis na internet que podem ser utilizados para animar os quadros. Vale lembrar que é igualmente possível alcançar um resultado satisfatório fazendo uma exibição simples das fotos na sequência desejada.

2 Texto e espetáculo

O texto dramático está associado ao espetáculo teatral, pois é escrito para ser encenado. Por isso, geralmente é organizado em falas e rubricas. As falas são os textos que serão ditos pelos atores, e as rubricas consistem nas informações sobre o espaço da cena, o estado de ânimo da personagem, a passagem do tempo, entre outras possibilidades.

Leia a seguir o trecho de um texto dramático de Maria Clara Machado (1921-2001), uma das principais dramaturgas brasileiras, autora de diversas peças para crianças e adolescentes durante o século XX. Observe que o nome das personagens está apresentado em letras maiúsculas, seguido por suas falas. As rubricas são as informações escritas entre parênteses e/ou em itálico.

> Acesse o *site* do grupo **O Tablado** para conhecer melhor sua história, suas peças teatrais e seus processos criativos e compreender sua importância no contexto da arte brasileira.
> Veja a referência completa e uma resenha do *site* na seção "Para ler, ouvir e ver", ao final da Unidade.

A menina e o vento

[...]

Entram Pedrinho, a mãe, tia Adelaide, tia Adalgisa e tia Aurélia; todas assustadas.

PEDRO — Foi aqui, no meio da ventania.

TIA ADELAIDE (baixinho) — A Cova do Vento.

TIA ADALGISA — A Cova do Vento!... *(Se junta à tia Adelaide.)*

MÃE — E depois, Pedrinho, o que aconteceu?

(Tia Aurélia sai de cena, descobrindo, curiosa, a Cova.)

Maria Clara Machado. *A menina e o vento e outras peças.*
Rio de Janeiro: Nova Fronteira, 2017. *E-book.*

Cena da primeira montagem de *A menina e o vento* pelo grupo O Tablado, em 1963, no Rio de Janeiro (RJ). Fundado em 1951, O Tablado é um grupo de teatro carioca.

Cena da montagem de *A menina e o vento* pelo grupo O Tablado em 2012, no Rio de Janeiro (RJ).

A associação do texto dramático ao espetáculo está presente desde o início do teatro no Ocidente, por volta do século V a.C., na Grécia Antiga. Nesse período, surgiram dois gêneros teatrais: a tragédia e a comédia.

Os autores das tragédias gregas dividiam seus textos entre o coro, cujas falas eram recitadas por um grupo de cidadãos, e os heróis, personagens pertencentes à nobreza e cujo destino era repleto de situações difíceis. Nas tragédias gregas, o coro, com seu bom senso, tenta alertar o herói sobre as consequências de suas ações. Porém, apesar de todas as advertências, o herói fatalmente acaba encontrando seu destino trágico.

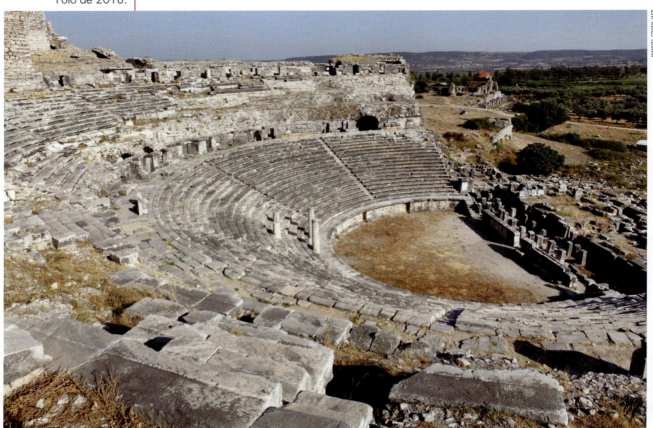

Ruínas do Teatro de Mileto. A apresentação ao ar livre, nos conhecidos "teatros de arena", era uma prática tradicional na Grécia Antiga. Aidim (a antiga cidade grega de Mileto), Turquia. Foto de 2018.

Improvisação: no teatro, é a habilidade de criação imediata de ações cênicas apoiada nos elementos teatrais (personagens, espaços, ações, etc.). Pode ser feita com base no roteiro, mas também pode ser realizada sem uma preparação inicial.

As tragédias gregas foram adaptadas por diferentes artistas ao longo do tempo. A Cia. Elevador de Teatro Panorâmico realizou uma montagem teatral baseada na obra *Ifigênia em Áulis*, do dramaturgo grego Eurípides (480 a.C.-406 a.C.). Nessa tragédia, Agamenon é um rei e também comandante das forças gregas que se encontra em um dilema: sacrificar ou não sua filha mais velha, Ifigênia. O sacrífico à deusa Artêmis traria bons ventos e faria as embarcações do rei chegarem até Troia. Nessa cidade, uma guerra seria travada entre gregos e troianos. Na adaptação da companhia, o tema do sacrifício permaneceu, mas a improvisação foi incorporada ao espetáculo. Os atores do elenco conheciam o texto completo da tragédia, tanto as partes dos heróis como as do coro, e podiam atuar nos diferentes papéis de acordo com o jogo de improvisação em cena. A trilha sonora e a iluminação também eram improvisadas durante o espetáculo.

Cena da montagem teatral *Ifigênia*, baseada na tragédia de Eurípides, pela Cia. Elevador de Teatro Panorâmico. São Paulo (SP). Foto de 2012.

As peças do gênero comédia realizavam críticas contra diversas características da sociedade da Grécia Antiga, como a educação, a política, os costumes, a justiça, entre outras. As personagens das comédias não faziam parte da nobreza, como os heróis trágicos. Com uma caracterização caricata, repleta de exageros, muitas vezes elas eram ridicularizadas nas peças.

O grupo Parlapatões montou duas comédias de Aristófanes (447 a.C.-385 a.C.), dramaturgo nascido na cidade grega de Atenas: *As nuvens* e *Pluto* (ou *Um deus chamado dinheiro*), adaptadas pelo grupo em um único enredo, chamado *As nuvens e/ou Um deus chamado dinheiro*.

Em *As nuvens*, Aristófanes ridicularizava os **sofistas** e sua **prática pedagógica**, considerada pelo autor nociva para a sociedade. Em *Pluto* (ou *Um deus chamado dinheiro*), o comediógrafo criticou a corrupção e abordou a maneira injusta como a riqueza era distribuída na sociedade grega.

Em seu *site*, o grupo indica a relação entre os temas apresentados por Aristófanes e a adaptação teatral de sua obra para a atualidade:

> O teatro de Aristófanes, principalmente aquele que integra sua obra no período da Comédia Antiga, é um contundente e sarcástico manifesto contra os elementos que ele julgava responsáveis pela **decadência** de Atenas.
>
> Se tomarmos todas as decadências da civilização Ocidental como **parâmetro** do momento histórico que vivemos, a obra de Aristófanes se atualiza de maneira assustadora.
>
> Parlapatões. *As nuvens e/ou Um deus chamado dinheiro*. Disponível em: http://parlapatoes.com.br/site/as-nuvens-eou-um-deus-chamado-dinheiro/. Acesso em: 3 fev. 2022.

Sofistas: grupo de pensadores que instruíam sobre os mais diversos assuntos em troca de pagamento durante o século V a.C. na Grécia Antiga.
Prática pedagógica: ato de mediar a construção do conhecimento.
Decadência: situação ou estado daquilo que está enfraquecido ou próximo do fim.
Parâmetro: padrão pelo qual se mede ou avalia algo.

O autor toma a cena

A relação entre espetáculo teatral e texto dramático também é evidente no teatro europeu dos séculos XVI e XVII, principalmente na Inglaterra, na França e na Espanha. Naquela época, ao contrário do que acontece em alguns processos criativos teatrais atuais, as peças eram escritas previamente e, muitas vezes, a **montagem** era realizada pelos próprios autores dos textos. Eles que distribuíam as personagens entre o elenco, organizavam as cenas, posicionavam os atores, etc. Entre eles, destacam-se o inglês William Shakespeare (1564-1616), o espanhol Pedro Calderón de la Barca (1600-1681) e o francês Jean-Baptiste Poquelin (1622-1673), mais conhecido como Molière. Atualmente, as obras desses autores são montadas com muita liberdade por atores e diretores.

Montagem: processo de colocar em cena um texto teatral.

Os atores nascidos no Zimbábue Denton Chikura e Tondera Munyevu encenam o espetáculo *Os dois cavalheiros de Verona*, obra de William Shakespeare. Londres, Reino Unido. Foto de 2012.

Cena do espetáculo *A filha do ar*, do dramaturgo Pedro Calderón de la Barca. Cidade do México, México. Foto de 2017.

Cena do espetáculo *O doente imaginário*, de Molière, em montagem da Cia. Oops!.., de Goiânia (GO). Na montagem, a companhia usa o samba e outros elementos da cultura brasileira. Foto de 2020.

EXPLORANDO NA REDE

Adaptações cinematográficas e teatrais

1. Em *sites* sobre cinema ou de grupos de teatro brasileiros, procure uma produção teatral ou cinematográfica de alguma obra dos dramaturgos William Shakespeare, Pedro Calderón de la Barca ou Molière.

2. Em seguida, pesquise informações sobre o desenvolvimento da adaptação, os integrantes da produção, o ano de estreia e as características da produção (figurino, cenário, trilha sonora, etc.). O objetivo é coletar informações sobre o processo criativo dessa produção.

3. Por fim, registre no caderno as seguintes informações pesquisadas:
   - nome da obra original;
   - nome do autor;
   - nome da adaptação (filme ou peça);
   - diretor, grupo ou atores;
   - ano de estreia;
   - características da produção (atuação, figurino, cenário, iluminação, introdução de diferentes linguagens artísticas, entre outras possibilidades).

3 Texto e espetáculo na atualidade

Durante muito tempo, o teatro foi entendido como sinônimo de literatura dramática. Entretanto, a partir da segunda metade do século XX, os estudiosos compreenderam que essa arte não se resume ao texto. O teatro pode, inclusive, não ter falas e não tomar como base nenhum texto dramático. Imagens, sons, sensações, ideias, ações e situações, entre muitos outros elementos, podem servir de estímulo para a criação teatral.

O teatro é um acontecimento que envolve artistas, técnicos e espectadores em um mesmo momento no tempo e no espaço (físico ou virtual): acontece sempre aqui e agora. Abrange também outras artes na criação de imagens, atmosferas, sensações e comunicação de ideias. Por isso, mesmo quando se trata de uma montagem de um texto de literatura dramática, como nos exemplos de Eurípides, Aristófanes, Shakespeare, Calderón de la Barca e Molière, atualmente os artistas têm muita liberdade de criação.

Cortes no texto original podem ser feitos, personagens novas são criadas e outras são suprimidas, o local fictício da ação pode se modificar, assim como a época, entre outras possibilidades. Por esse motivo, mesmo quando vamos assistir à adaptação de um texto que já conhecemos, é possível encontrar uma versão totalmente diferente da obra original. A visão específica de uma companhia ou de um grupo é o que diferencia as montagens de um mesmo texto dramático.

Isso não acontece apenas com obras de muitos séculos passados ou textos dramáticos. Por exemplo, *O gato malhado e a andorinha Sinhá* é um conto de Jorge Amado (1912-2001), acompanhado por ilustrações do artista Carybé (1908-1997), escrito em 1948 e adaptado para o teatro em diversas montagens no Brasil e no exterior. Seu enredo é sobre o amor entre um gato e uma andorinha que enfrentam o preconceito dos outros animais da floresta, os quais se opõem à união pelo fato de o casal ser formado por espécies diferentes.

O escritor brasileiro Jorge Amado em sua casa. Salvador (BA). Foto de 1994.

A história de amor entre o gato e a andorinha cativa públicos de diversas idades. Mesmo depois de tantas décadas do lançamento do conto de Jorge Amado, essa narrativa continua relevante por abordar ludicamente temas como o preconceito em nossa sociedade. No decorrer do tempo, cada grupo teatral cria a própria versão do conto e usa recursos cênicos diferentes.

Em sua montagem da obra, o grupo gaúcho Teatro Por Que Não? optou por usar materiais recicláveis, como papelão e embalagens plásticas descartadas, na produção de seus figurinos e cenários. Além disso, foi criada uma trilha sonora original, cantada pelos atores e musicada com banjo e instrumentos de percussão, para a versão encenada pelo grupo.

Já a montagem da companhia paulista Grupo 59 empregou a antiga tradição dos contadores de história. Os atores cantaram canções, tocaram instrumentos musicais e exploraram diferentes movimentos corporais, gestos e vozes para dar vida às personagens do conto.

O grupo Ponto de Partida, da cidade de Barbacena, no estado de Minas Gerais, apresentou sua versão *de O gato malhado e a andorinha Sinhá* de 1992 até 2019. No espetáculo, o grupo introduziu novas personagens à história: gnomos. Com muito humor, esses seres contam, na montagem, a história do amor impossível entre o gato e a andorinha.

Atrizes do grupo Ponto de Partida interpretam gnomos em sua montagem de *O gato malhado e a andorinha Sinhá*. Barbacena (MG). Foto de 2016.

Leia a seguir como o grupo Ponto de Partida trabalhou com a adaptação da obra de Jorge Amado:

> Assim que lemos sabíamos que queríamos ouvir esta história. Assim que ouvimos, sabíamos que queríamos contá-la. Então começamos a juntar as imagens mais delicadas para "desenhá-la". Porque somos assim: só contamos histórias com gravuras.
>
> [...]
>
> Queríamos que o texto de Jorge Amado estivesse ali, inteirinho. Com todas aquelas palavras brincando e se juntando numa doce história. Mas não queríamos reescrever o livro, queríamos fazer teatro e então pedimos música e a história passeando levemente entre imagens e palavras. Queríamos que, como toda boa história, esta fosse para toda gente, de qualquer idade. Queríamos que toda essa gente se divertisse, se emocionasse e que por alguns poucos momentos estivesse feliz, conquistada pela beleza. [...]
>
> Grupo Ponto de Partida relembra um dos seus grandes sucessos. *BarbacenaMais*, 23 mar. 2017. Disponível em: https://www.barbacenamais.com.br/cultura/8787-grupo-ponto-de-partida-relembra-um-dos-seus-grandes-sucessos. Acesso em: 3 fev. 2022.

Singularidade: característica do que é particular, original.

Em Porto Alegre, no estado do Rio Grande do Sul, o conto de Jorge Amado foi adaptado para um espetáculo de dança contemporânea que conta com a presença de artistas com deficiência. Na montagem da coreógrafa Carla Vendramin, muletas e cadeiras de rodas também são usadas como elementos cênicos que auxiliam na narrativa das cenas.

As montagens apresentadas contam a mesma história, mas expressam diferentes visões cênicas por meio de mudanças nos cenários, nos figurinos e na trilha sonora e da criação de personagens e elementos cênicos. Essas diferenças evidenciam as singularidades do processo criativo desenvolvido por cada grupo em suas adaptações e leituras.

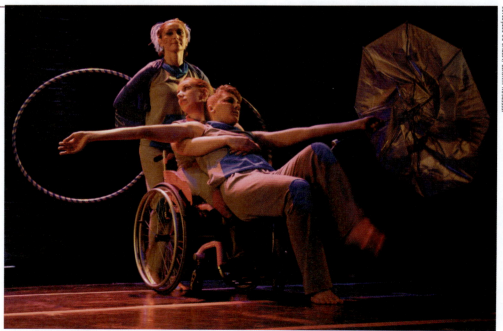

Cena do espetáculo *O gato malhado e a andorinha Sinhá*, dirigido por Carla Vendramin. Porto Alegre (RS). Foto de 2013.

ARTE DO AMANHÃ

Teatro para todos

Thereza Piffer (1966-) é atriz e diretora teatral e, também, uma pessoa com deficiência, usuária de cadeira de rodas. Ela é criadora do Grupo Sensus, que desde 2005 realiza espetáculos com a participação de pessoas com e sem deficiência.

Em algumas apresentações do grupo, o público tem os olhos vendados e é levado, por meio de estímulos dos atores, a utilizar os outros sentidos e a trabalhar a imaginação para criar a cena e as imagens.

Nas peças do grupo Sensus, os espectadores que têm deficiências e os que não as têm são colocados em condições iguais. Os atores conduzem o público a experimentar, por exemplo, o toque, por meio de **libras táteis**, e os cheiros, por meio de aromas. Assim, uma pessoa que ouve tem uma experiência parecida com a de uma pessoa surda.

Entre as montagens do grupo estão as obras infantojuvenis *O principezinho sensorial*, adaptação de *O pequeno príncipe*, de Antoine de Saint-Exupéry (1900-1944), e *Alice no escuro*, adaptação de *Alice no país das maravilhas*, de Lewis Carroll (1832-1898). Em 2019, *O principezinho sensorial* foi apresentado no México, e *Alice no escuro* estava em cartaz em São Paulo (SP).

Libras táteis: forma de comunicação realizada com as mãos da pessoa que é surda e cega sobre as mãos do interlocutor. Dessa maneira, a pessoa pode sentir os movimentos e, assim, entender a mensagem.

Elenco da peça *Alice no escuro*, do Grupo Sensus, em São Paulo (SP). Foto de 2019.

TROCANDO IDEIAS

- Com base nas questões a seguir, reflita sobre o que foi abordado nesta Unidade e converse com os colegas e o(a) professor(a).

a) Quais elementos podem servir de estímulo para um processo criativo em teatro? Cite alguns exemplos estudados nesta Unidade ou que você tenha conhecimento por outros meios.

b) Pode ser muito importante explorar as possibilidades do corpo na criação teatral. Com base na experiência que você teve na seção "Mãos à obra", comente a relação entre o processo criativo teatral e o corpo.

c) Quais são as possibilidades de relação entre texto dramático e montagem teatral?

d) Os espetáculos *O gato malhado e a andorinha Sinhá*, dirigido por Carla Vendramin, e *Alice no escuro* incorporam a questão da deficiência em suas montagens. Cite alguns dos elementos que dialogam com os diferentes corpos em cena.

EM POUCAS PALAVRAS

Nesta Unidade, você:

- reconheceu o que é processo criativo em teatro e suas diversas possibilidades de estímulo: música, histórias tradicionais, o corpo, o texto, entre outras;

- conheceu o projeto Caravana Buriti, que visita cidades do Centro-Oeste brasileiro, apresenta espetáculos e propõe oficinas de teatro;

- conheceu o teatro de figuras e experimentou o corpo como inspiração no processo criativo teatral;

- experimentou teatralmente o corpo humano e fez um *stop motion* com base em improvisações corporais e em situações cotidianas;

- relacionou teatro e texto dramático na Grécia Antiga e nos séculos XVI e XVII;

- conheceu montagens e adaptações de tragédias e comédias gregas;

- compreendeu o trabalho, dentro e fora do palco, de dramaturgos dos séculos XVI e XVII;

- pesquisou montagens de textos dramáticos no teatro e no cinema;

- conheceu diferentes montagens baseadas em um mesmo conto literário;

- aprendeu a valorizar a diversidade e a importância de artistas com deficiência e suas criações cênicas.

PARA LER, OUVIR E VER

Livros

- *A menina e o vento e outras peças*, de Maria Clara Machado. Rio de Janeiro: Nova Fronteira, 2017.

    Livro que apresenta uma coletânea de textos dramáticos infantojuvenis da dramaturga brasileira Maria Clara Machado, entre eles *A menina e o vento*, *Maroquinhas Fru-Fru* e *Maria Minhoca*.

- *Amigas que se encontraram na história*, de Angélica Kalil. Ilustrações de Mariamma Fonseca. São Paulo: Quintal, 2020.

    Nesse livro, você vai conhecer mulheres que se destacaram em diferentes áreas ao longo da história e vai descobrir relações de afeto e amizade entre elas. Vencedora do prêmio Jabuti em 2021, essa obra valoriza a contribuição das mulheres e as redes de apoio feminino ao longo do tempo.

- *Grandes invenções*, de Jozua Douglas. São Paulo: Brinque-Book, 2015.

    O livro apresenta informações sobre grandes invenções muito usadas no dia a dia. Conta a história de inventos e desperta a imaginação e a criatividade por meio de suas ilustrações.

- *Sagatrissuinorana*, de João Luiz Guimarães. Ilustrações de Nelson Cruz. São Paulo: Ôzé, 2020.

    O livro reconta a clássica história dos Três Porquinhos ambientada no contexto do rompimento das barragens de Mariana, em 2015, e de Brumadinho, em 2019, no estado de Minas Gerais, retratando de maneira poética e crítica duas das maiores tragédias ambientais de nosso país.

Série

- *Desventuras em Série*, de Mark Hudis. Estados Unidos, 2017-2019.

    Baseada na coleção de livros do autor estadunidense Lemony Snicket, pseudônimo de Daniel Handler (1970-), a série retrata as aventuras de três irmãos órfãos perseguidos por um tio interessado na herança deles. O tio, Conde Olaf, é ator e, com sua trupe, cria diversas situações para colocar as crianças em constante perigo. Os irmãos se unem para sobreviver e encontrar os pais, que eles acreditam estarem vivos.

Site

- **Grupo O Tablado.** Disponível em: www.otablado.com.br/. Acesso em: 2 fev. 2022.

    Site do grupo O Tablado, do Rio de Janeiro (RJ), criado em 1951 por Maria Clara Machado, entre outros artistas. No *site* é possível conhecer a história do grupo, bem como visualizar imagens de suas montagens desde o início da trajetória da companhia até atualmente. O Tablado dedica-se à montagem de obras para o público adulto e para o público infantojuvenil.

ATIVIDADE COMPLEMENTAR

ARTES INTEGRADAS

A relação entre o espetáculo teatral e as histórias em quadrinhos, também conhecidas pela abreviação **HQs**, é o tema desta "Atividade complementar". Você vai aprender como as histórias em quadrinhos podem influenciar e inspirar espetáculos teatrais, vai explorar seus elementos visuais e narrativos e, por fim, vai criar uma cena teatral baseada em uma HQ produzida por você. Vamos começar?

Cena do espetáculo *Gibi*, do grupo Lamira Artes Cênicas, inspirado em uma história em quadrinhos da Região Centro-Oeste do Brasil. Palmas (TO). Foto de 2016.

CONHECER

Nesta parte da "Atividade complementar", você vai conhecer as características das histórias em quadrinhos e como elas podem inspirar um espetáculo teatral.

Algumas características narrativas e visuais das histórias em quadrinhos

Muitos livros e revistas contam histórias por meio de imagens. Em alguns, a narrativa é realizada somente com ilustrações, sem o uso de palavras. Em outros, as palavras e as imagens se complementam para contar uma história.

Nas histórias em quadrinhos, a narrativa é dividida em quadros sequenciais que contêm imagens estáticas e, algumas vezes, balões que podem indicar falas de personagens e informações fornecidas pelo narrador.

Os balões apresentam formatos diferentes, que variam de acordo com o que se deseja expressar: um pensamento, um sussurro, um grito, etc.

As onomatopeias, figuras de linguagem que reproduzem sons com um fonema ou uma palavra e podem representar sons da natureza, objetos, pessoas e animais, também são bastante utilizadas em HQs.

A onomatopeia **vroom**, em inglês, representa a sonoridade do motor de um veículo. Algumas das onomatopeias utilizadas em HQs brasileiras são adaptações, para nosso idioma, dessas onomatopeias da língua inglesa. Por exemplo, em português, a onomatopeia **vrum** representa esse mesmo som.

Observe a seguir uma página da história em quadrinhos "Cientista miniatura, confusões gigantescas", do cartunista brasileiro Mauricio de Sousa (1935-).

Na página observada, dois tipos de balão são utilizados. No primeiro quadro, é apresentado um balão que indica a fala da personagem. No segundo, o balão ganha outro formato para indicar que a personagem está falando mais alto.

A onomatopeia **toc toc**, no segundo quadro, representa o som de batidas na porta; e a onomatopeia **fluf**, no terceiro quadro, o barulho da queda da casa. A representação visual das onomatopeias também busca expressar uma ideia. O tamanho da fonte da onomatopeia **fluf**, que ocupa grande parte do terceiro quadro, pretende representar a intensidade do barulho da queda da casa, assim como as linhas curvas que a circundam.

Mauricio de Sousa. Franjinha em: Cientista Miniatura, Confusões Gigantescas. Em: *Turma da Mônica*: uma aventura no Parque da Mônica n. 2. Barueri: Panini Comics, 2007. 1ª página da história.

Há também autores de histórias em quadrinhos que optam por não utilizar palavras. Nesses casos, a história é narrada apenas com o uso de imagens e a composição dos quadros em sequência ao longo das páginas. Observe a seguir como isso é feito em uma página da HQ *O apanhador de nuvens: uma aventura no país Dogon,* de Béka e Marko. Nela é contada a história de dois meninos que moram em uma vila no Mali, país do continente africano, e embarcam em uma aventura para encontrar o apanhador de nuvens e trazer a chuva de volta para sua comunidade, que sofre com a seca.

Os autores da HQ conseguem apresentar a vila em que as personagens moram, assim como seu cotidiano, as paisagens e os acontecimentos mágicos que permeiam a narrativa, sem que nenhum balão de fala seja utilizado.

O primeiro quadro mostra o amanhecer na vila, o segundo e o terceiro apresentam detalhes da natureza da região, e os cinco últimos quadros introduzem a rotina matinal da personagem.

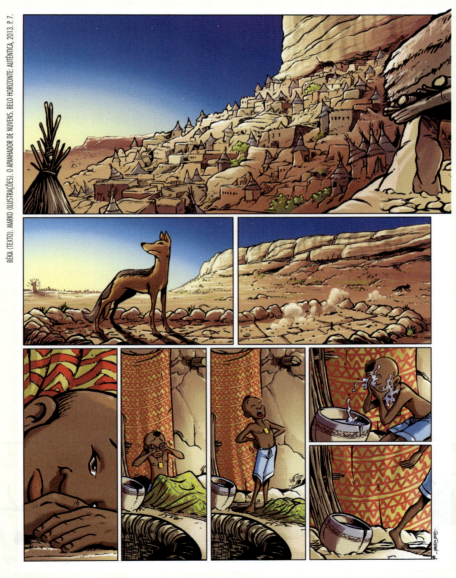

Béka; Marko. *O apanhador de nuvens*: uma aventura no país Dogon. Tradução de Fernando Scheibe. São Paulo: Nemo, 2013. p. 7.

Em qualquer história em quadrinhos, a seleção de um enquadramento faz parte do processo de composição das ilustrações de cada quadro. Um enquadramento é resultado da combinação da escolha de um ângulo e de um plano. Os ângulos são a maneira como a ação é observada pelo leitor: de frente, de cima, de baixo, de trás, etc. Já os planos podem ser organizados em seis tipos principais com diferentes características, como indicado na tabela a seguir.

Diferentes tipos de plano	
Plano geral	Apresenta paisagem ou cenário por completo.
Plano total	Apresenta personagem por completo e seus arredores.
Plano americano	Apresenta personagem a partir da altura dos joelhos.
Plano médio	Apresenta personagem a partir da altura da cintura.
Primeiro plano	Apresenta personagem a partir da altura dos ombros.
Plano de detalhe	Apresenta detalhe de um objeto, do cenário ou da expressão ou do corpo de uma personagem.

É possível observar algumas dessas características de enquadramento nas histórias em quadrinhos apresentadas anteriormente. Na HQ "Cientista miniatura, confusões gigantescas", Mauricio de Sousa utiliza, por exemplo, o plano total, o plano geral e o primeiro plano em sua composição.

Exemplo de ilustração em plano total.

Exemplo de ilustração em primeiro plano.

Na história em quadrinhos *O apanhador de nuvens: uma aventura no país Dogon*, pode-se encontrar exemplos de plano total, plano americano, plano geral e plano de detalhe.

Exemplo de ilustração em plano americano.

Exemplo de ilustração em plano geral.

Cada escolha de plano foi feita para atingir determinado objetivo. Por exemplo, o **plano geral** permite que se observe uma paisagem por completo e que o leitor se situe no espaço em que a história se passa. Já o **plano de detalhe** possibilita notar os pormenores da expressão da personagem.

Observando o quarto quadro de *O apanhador de nuvens: uma aventura no país Dogon*, podemos perceber que a personagem acabou de acordar e ainda está sonolenta. O **primeiro plano** faz com que o leitor foque a expressão do rosto da personagem, sem mostrar o que está acontecendo nos arredores, o que será revelado somente no próximo quadro da página.

As formas e as cores das imagens também são escolhidas para transmitir sensações de medo, suspense, felicidade ou outros sentimentos e significados. Retomando a HQ *O apanhador de nuvens: uma aventura no país Dogon*, vemos que as cores escolhidas procuram remeter às colorações utilizadas nas roupas e nos artesanatos produzidos nas vilas do Mali. Já na história de Mauricio de Sousa, as cores são intensas e produzem estímulo visual e interesse, o uso de cores quentes também faz alusão ao fato de o Brasil ser um país tropical.

Exemplos de ilustração em plano de detalhe.

As características e as configurações das histórias em quadrinhos inspiraram artistas como o pintor estadunidense Roy Lichtenstein (1923-1997), que se aproximou da linguagem dos quadrinhos por meio da utilização de cores muito vivas e de elementos como onomatopeias e balões de fala em suas obras.

Roy Lichtenstein. *Whaam!*, 1963. Acrílica e óleo sobre tela, 172,7 cm × 400,4 cm. Nessa obra, Lichtenstein utiliza elementos como um balão de fala e a onomatopeia **whaam!**, que representa o som da explosão. Na tradução do inglês para o português, o texto do balão de fala significa: "Eu apertei o controle de fogo… e, a minha frente, foguetes se incendiaram pelo céu…".

Roy Lichtenstein. *Sunrise* (em tradução do inglês para o português: Nascer do sol), 1965. Litografia colorida em papel, 46,4 cm × 61,6 cm. Nas décadas de 1950 e 1960, nos Estados Unidos, foi adotado um processo gráfico que utilizava a aplicação de pontos para colorir histórias em quadrinhos. Na obra, Liechtenstein se inspirou nesse processo e utilizou pontos na composição de sua pintura.

A encenação de histórias em quadrinhos

Cena do espetáculo *Gibi*, do grupo Lamira Artes Cênicas. Palmas (TO). Foto de 2016.

> **Gibi:** termo que também designa as histórias em quadrinhos no Brasil.
> **Remontagem:** recuperação de um antigo espetáculo teatral colocado em cena da mesma maneira que a montagem inicial.

As histórias em quadrinhos são uma inspiração recorrente na criação de espetáculos teatrais, como no caso da peça *Gibi*, do grupo tocantinense Lamira Artes Cênicas. A exploração do corpo é o ponto de partida do processo criativo do grupo, que trabalha conectado a diversas linguagens artísticas, como o teatro, a dança e o circo. O cenário do espetáculo é formado por um pano de fundo que simula páginas de HQs divididas em quadros de diversos tamanhos. Na composição das personagens do espetáculo, a *Liga do Cerrado*, **gibi** do brasileiro Geuvar Silva de Oliveira e lançado em 2006, foi a principal inspiração. A *Liga do Cerrado* conta histórias de super-heróis criados no Centro-Oeste do Brasil.

Outro exemplo é o espetáculo de dança *Isso aqui não é Gotham City*, que estreou em 1992 e teve uma **remontagem** produzida pelo grupo Primeiro Ato em 2009. O espetáculo faz referência às HQs de super-heróis estadunidenses criadas nas décadas de 1940 e 1950, nas quais há uma divisão muito clara entre mocinhos e vilões. O espetáculo incorporou as situações, a gestualidade e o figurino típicos dessas histórias em quadrinhos.

Cena da remontagem do espetáculo *Isso aqui não é Gotham City*, do grupo Primeiro Ato. Belo Horizonte (MG). Foto de 2009.

O storyboard

O cinema é uma linguagem audiovisual que também pode estar conectada com os quadrinhos e que utiliza termos como enquadramento, plano e ângulo na construção de seu processo criativo. O *storyboard* é um recurso empregado no planejamento de uma filmagem em produções audiovisuais e cinematográficas. Por meio de uma sequência de desenhos em quadros, similar ao que se vê nas HQs, o diretor e sua equipe podem visualizar o melhor enquadramento de uma tomada, bem como o encadeamento das cenas.

O recurso é imprescindível em filmes com grande apelo ao espetáculo visual, com efeitos especiais e cenas modificadas por computadores. O *storyboard* possibilita o planejamento da cena antes de sua filmagem, incluindo todas as modificações digitais que precisarão ser feitas.

A elaboração do *storyboard* também é importante para os atores, que muitas vezes interagem com cenários fictícios, ou seja, que não existem no momento em que a cena está sendo gravada. Com o auxílio do enquadramento sequenciado das cenas, os atores podem visualizar todas as personagens e os efeitos que serão adicionados posteriormente à filmagem, bem como compreender a maneira como a cena será gravada.

O *storyboard* a seguir apresenta o planejamento de uma cena que envolve o trabalho com fatores desafiantes para o desempenho dos atores, como a chuva e os animais. Esse tipo de planejamento visual auxilia na *performance* dos artistas e na produção da cena.

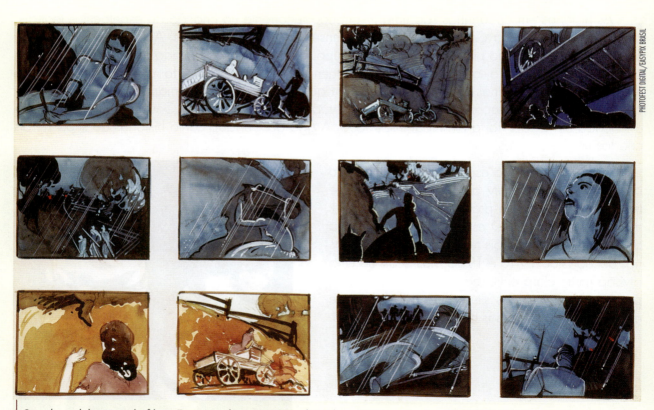

Storyboard de cena do filme *E o vento levou* (1939), dirigido por Victor Fleming (1889-1949). Na época, a produção estadunidense tornou-se o segundo filme com o maior número de indicações aos prêmios da Academia de Artes e Ciências Cinematográficas (o Oscar), vencendo inclusive a categoria de melhor filme.

PESQUISAR

Nesta parte da "Atividade complementar", você vai utilizar ferramentas de busca na internet para entrar em contato com o *storyboard* de um filme e com a cena que ele gerou.

1. Pesquise, utilizando uma ferramenta de busca na internet, o *storyboard* de uma cena de um filme de que você goste.

2. Salve o *storyboard* no computador da escola ou de casa e, se possível, imprima as imagens.

3. Depois de observar as imagens, assista novamente à cena do filme escolhido, analisando a transposição delas para a cena efetivamente gravada.

4. Grave um vídeo apresentando um breve comentário sobre a relação entre o *storyboard* e a cena do filme escolhido:
   - destaque se algum momento da cena foi acrescentado ou cortado na versão final;
   - indique a ocorrência de mudanças ou semelhanças nos cenários e figurinos na transposição do *storyboard* para a cena filmada;
   - pontue se os enquadramentos (planos e ângulos) foram mantidos ou alterados.

5. Utilize ferramentas de edição de vídeo gratuitas disponíveis no computador da escola ou na internet. Com essas ferramentas, você poderá:
   - utilizar as melhores tomadas que você gravou e juntá-las em um arquivo;
   - mesclar momentos de narração com fotos e trechos do filme e do *storyboard*;
   - aplicar recursos gráficos como setas e círculos para dar destaque a elementos do filme e do *storyboard*;
   - inserir molduras e filtros no vídeo.

6. O vídeo não deve ultrapassar 3 minutos de duração.

7. Salve o arquivo em um *smartphone* ou *pen drive* e, com auxílio do(a) professor(a), poste-o nas redes sociais da escola. Lembre-se de que, para postar os vídeos, é imprescindível a autorização de seus pais ou responsáveis.

8. Em sala de aula ou no laboratório de informática, assista aos vídeos gravados pela turma.

9. Troque opiniões com os colegas e comente a experiência de gravação.

CRIAR

Nesta parte da "Atividade complementar", você vai produzir um *storyboard* inspirado em suas histórias em quadrinhos favoritas. Em seguida, a turma vai usar essa ferramenta própria da produção audiovisual para montar uma cena teatral. Por sua proximidade com a linguagem visual das HQs, o *storyboard* contribuirá para o estabelecimento da relação entre teatro e história em quadrinhos neste projeto.

Materiais:

- Revistas ou páginas de histórias em quadrinhos
- Cartolina
- Tesoura com pontas arredondadas
- Cola bastão
- Lápis grafite
- Lápis de cor
- Canetas hidrográficas
- Fita adesiva
- Folhas de papel avulsas A4
- Régua de 30 cm
- Roupas, objetos e acessórios diversos (opcional)
- Mobiliário da sala de aula: mesa, cadeiras, carteiras, lousa, etc. (opcional)

Etapa 1

1. Tragam para a sala de aula suas histórias em quadrinhos favoritas. Vocês podem trazer as revistas de casa ou imprimir as páginas dos quadrinhos disponíveis na internet.

2. Formem grupos de quatro a seis estudantes.

3. Cada estudante do grupo vai mostrar aos outros integrantes as histórias em quadrinhos que selecionou.

4. Recuperem os elementos visuais e narrativos explorados nas partes anteriores desta "Atividade complementar" e destaquem os tipos de balão de fala, as onomatopeias, as cores e a composição dos quadros das histórias que estão com o grupo.

5. Depois de observarem os exemplos dessas histórias, criem uma história curta. Vocês podem usar personagens de histórias que já conhecem ou inventar novas.

6. Pensem em uma ação simples, que possa ser expressa em uma ou duas páginas de história.

7. Em uma folha de papel avulsa A4, elaborem um esboço da página e dividam a história em quadros, como no exemplo a seguir.

8. Planejem os planos e os ângulos das ilustrações em cada quadro.

9. Decidam como o esboço será feito: cada pessoa do grupo pode criar um esboço, e depois vocês escolhem qual deles servirá de base para o trabalho, ou o grupo pode misturar as ideias de todos em um único esboço.

10. Guardem o esboço para a realização da próxima etapa.

Etapa 2

1. Com base no esboço, dividam a superfície da cartolina em quadros. Lembrem-se de que eles não precisam ser todos iguais: podem ter diferentes formatos e tamanhos, de acordo com a necessidade da história.

2. Utilizem o lápis grafite para desenhar as ações em cada quadro na cartolina. Cada integrante do grupo pode ficar responsável pelo desenho de um quadro. Vocês também podem optar por dividir as tarefas: um estudante desenha, outro colore, outro elabora as cenas, etc.

3. Finalizem os desenhos da cartolina como desejarem, utilizando os lápis de cor e as canetas hidrográficas.

4. Com a fita adesiva, colem a cartolina na lousa.

5. Apresentem o resultado final aos colegas e contem detalhes do processo criativo.

6. Observem as histórias em quadrinhos de todos os grupos e façam comentários sobre as personagens, a composição visual na cartolina, o uso ou não de cores, etc.

7. Na próxima etapa, o grupo vai utilizar a HQ criada na cartolina como um *storyboard*, que será a base para a montagem de uma pequena cena teatral. Para isso, vocês devem distribuir o papel das diferentes personagens entre os integrantes do grupo.

8. Em casa, pesquisem e criem figurinos para as personagens. Utilizem roupas e acessórios que vocês já tenham para a composição do vestuário. Alguns objetos do cotidiano também podem ser usados como adereços dos figurinos e para ajudar na composição do cenário.

Etapa 3

1. Observem a história em quadrinhos criada na cartolina pelo grupo. Ela será o *storyboard* de sua cena. Cada quadro representará um momento da cena.

2. Primeiro, montem a cena quadro por quadro. Vocês devem posar de acordo com a ação mostrada no quadro, como se fossem estátuas. Se possível, tirem uma foto de cada quadro montado com as poses para que, depois, a imagem possa ser utilizada como referência.

3. Depois de montarem cada quadro, investiguem como fazer a transição do quadro 1 para o quadro 2, e assim por diante. A transição é a maneira como é feita a passagem de um quadro para outro em uma cena. No exemplo do robô espacial, no quadro 1 ele está voando pelo espaço. No quadro 2, o asteroide aparece em rota de colisão com o planeta. A transição entre os dois quadros pode ser realizada com o asteroide entrando em cena no momento em que o robô passa pelo planeta.

4. Desenvolvam a cena como um todo. Partam de um quadro e trabalhem a transição para o seguinte até que todos os quadros tenham sido encenados de forma contínua. Vocês podem incorporar uma trilha sonora ou algum mobiliário da sala de aula como cenário.

5. Caso seja possível, gravem a encenação de toda a cena para utilizá-la durante os ensaios. Vocês podem se encontrar em horários antes ou depois das aulas para ensaiar. Se não for possível, procurem utilizar o período do intervalo para repassar as ações com a ajuda do vídeo.

RESPEITÁVEL PÚBLICO

Nesta parte do projeto, vocês vão apresentar a cena teatral que o grupo ensaiou e avaliar sua participação durante a construção e a produção desse trabalho.

1. Convidem familiares e amigos para assistir à apresentação da cena na escola.

2. Primeiro, comentem o processo criativo da cena. Mostrem as histórias em quadrinhos que inspiraram o trabalho e, em seguida, apresentem a HQ criada por vocês na cartolina. Por fim, apresentem a cena ao público.

3. Assistam com atenção às apresentações dos demais grupos.

4. Na sequência, montem uma roda de bate-papo entre vocês e o público, com a mediação do(a) professor(a). Perguntem a opinião da plateia sobre a apresentação e peçam aos presentes que indiquem os momentos que consideraram mais interessantes.

46 NÃO ESCREVA NESTE LIVRO.

5. Ouçam o que o público tem a dizer sobre o trabalho de vocês; o retorno da plateia é muito importante para o processo criativo. Mas o público não deve ser visto como um juiz, como alguém que vai dizer se o trabalho é bom ou não. O público faz parte do teatro e pode ajudar na construção de uma obra com os artistas. Pensem nos espectadores como parceiros; será muito mais prazeroso apresentar-se a uma plateia dessa maneira. Se possível, façam anotações do que foi dito.

6. Na aula seguinte, retomem a conversa com o público por meio de anotações das falas e pelo que se lembram do que foi dito, e conversem sobre os pontos positivos da apresentação e os pontos que podem ser melhorados em uma próxima encenação.

7. Caso haja uma nova oportunidade, voltem a apresentar suas cenas ao público, com as mudanças que decidiram realizar após a primeira encenação. Sempre façam o bate-papo final com a plateia para observar o desenvolvimento do trabalho do ponto de vista do espectador.

NESTA "ATIVIDADE COMPLEMENTAR", VOCÊ:

- explorou as relações entre o cinema de animação, as artes visuais e o teatro por meio da encenação de uma história em quadrinhos;
- identificou a história em quadrinhos como uma inspiração para muitos grupos teatrais no Brasil;
- conheceu elementos visuais e verbais da narrativa nas HQs;
- entendeu o *storyboard* como um roteiro visual importante no processo de composição de um filme;
- criou uma cena teatral baseada em uma história em quadrinhos produzida com os colegas.

UNIDADE 2
PROCESSOS CRIATIVOS EM ARTES VISUAIS

A criação e a inspiração estão presentes em nosso cotidiano em diversas atividades. Nas brincadeiras, por exemplo, muitas vezes é preciso imaginar objetos, lugares, sons e cheiros, além de inventar personalidades, nomes e vozes para personagens. Também é possível criar novos brinquedos a partir de objetos e materiais que utilizamos frequentemente em nosso dia a dia. É isso que faz o artista paulista Antonio Peticov (1946-), autor da obra que abre esta Unidade, ao criar esculturas por meio do trabalho com objetos presentes no cotidiano, como escadas, latas, escovas de dente, martelos, livros, etc.

TROCANDO IDEIAS

 • Observe a imagem, converse com os colegas e o(a) professor(a) e responda às perguntas a seguir.

a) Você já criou algum acessório, brinquedo ou qualquer outro objeto? Descreva o que inspirou sua criação, os materiais que utilizou e como foi o processo de montagem.

b) Na foto da escultura de Antonio Peticov, identifique os objetos e materiais que compõem a obra.

c) Qual imagem os materiais formam na obra de Peticov? E quais sentimentos a obra evoca em você?

Antonio Peticov. *The young reporter* (em tradução do inglês para o português: "O jovem repórter"), 1982. Madeira, ladrilho, metal, borracha e *glassilk*, 51 cm × 44 cm × 4 cm.

1 Os estímulos para o processo criativo

> **Textura:** aspecto de uma superfície que nos permite identificar o objeto. Pode ser lisa, rugosa, ondulada, áspera, etc.
> **Forma:** configuração física ou visual das coisas, o modo como se apresenta seu formato, sua aparência.
> **Acaso:** nesse caso, acontecimento imprevisível, sem o controle total do artista no resultado da ação sobre o trabalho.

Na apreciação de uma obra de arte, vários elementos podem ser percebidos, como as **texturas**, as cores e as **formas** utilizadas. Também podem surgir questionamentos sobre as motivações do artista para realizar aquele trabalho: o que ele pensou e sentiu enquanto construía a obra? O que desejou expressar por meio dela? Trata-se de questões que se referem à inspiração artística.

A inspiração é o desejo, a vontade que motiva um indivíduo a iniciar qualquer processo criativo. É o momento em que temos uma ideia e usamos nossa imaginação e criatividade para expressá-la. Os mais diferentes estímulos podem instigar um processo criativo: desde linguagens artísticas, como a dança, o teatro, a música e a literatura, a cheiros e momentos do dia a dia.

O **acaso** também pode ser um estímulo. Por exemplo, um artista pode estar criando um desenho e derramar uma xícara de café sobre ele. Esse imprevisto requer que uma escolha seja feita. Ele pode jogar o desenho fora ou utilizar a mancha de café em sua criação. Nesse caso, em vez de a mancha ser percebida como sujeira, ela inspira um processo criativo novo.

O artista Paulo Miranda (1964-) utiliza a lona de caminhão como suporte para suas intervenções. Ele trabalha com as interferências da natureza ao deixar a obra exposta ao sol e à chuva, permitindo que o acaso se transforme em uma condição essencial de seu trabalho.

O processo criativo envolve a idealização daquilo que se deseja apresentar e de seus significados, a escolha de suportes, cores, imagens e materiais, assim como o preenchimento do espaço que será explorado durante as etapas de concepção, experimentação e execução da obra. Portanto, com base em diferentes estímulos, o artista utiliza conhecimentos, técnicas e estilo pessoal para apresentar sua visão de mundo.

Paulo Miranda. *Casulo*, 2005. Técnica mista sobre lona de caminhão (pigmentos naturais, nanquim, carvão e colagem sobre lona velha), 190 cm × 145 cm. Essa obra aborda a natureza e suas arquiteturas de resistência e sobrevivência.

2 Diferentes expressões artísticas: técnicas, materiais e suportes

O suporte é o elemento sobre o qual o artista realiza seu trabalho, como muros, papéis, telas, madeiras, mármores, gessos, entre outros. Já os materiais são aqueles elementos que serão aplicados sobre o suporte, como as tintas, ou que vão auxiliar nessa aplicação ou no trabalho com o suporte, como os pincéis. A intenção e a técnica do criador da obra determinam o suporte e os materiais que serão utilizados. Em diferentes formas de expressão artística, como o grafite, a pintura, o desenho, a gravura e a escultura, a escolha e o uso de materiais e suportes fazem parte do processo de criação de uma obra de arte.

Técnica: conjunto de regras e orientações para o exercício de uma atividade.

Laís da Lama fala sobre as mulheres no grafite. Sesc Itaquera. Disponível em: https://www.youtube.com/watch?v=hDOjpWOcFws. Acesso em: 28 abr. 2022.
No vídeo, a grafiteira Laís da Lama fala de seu processo criativo e das características de suas criações, destacando a presença das mulheres na cena do grafite.

Grafite

Talvez, ao andar por sua cidade ou visitar centros urbanos, você tenha sido surpreendido por imagens grafitadas em muros e fachadas de construções. O grafite é uma expressão artística que tem como objetivo modificar e interferir em espaços urbanos que fazem parte do cotidiano dos cidadãos.

Portanto, a escolha por fachadas de construções ou muros em espaços de grande circulação de pessoas como suportes para o grafite está entrelaçada à intencionalidade dessa expressão artística de compor formas e cores que interfiram no dia a dia de uma cidade e de seus moradores e passantes.

Raiz Campos. *A arte de ser mãe*, 2022. Casa das Artes, Largo São Sebastião, Manaus (AM).

Proporção: relação entre os elementos de um todo que cria equilíbrio e harmonia. O processo de formação de uma obra de arte por meio da utilização da proporção é um recurso matemático bastante utilizado pelos artistas na criação de desenhos, pinturas e esculturas.

Simetria: semelhança de medidas e formas entre as duas partes de um elemento dividido por uma linha central.

Os grafiteiros dispõem de uma variedade de materiais que os ajudam a produzir suas pinturas em muros e em paredes de forma organizada, **proporcional** e **simétrica**. O principal instrumento desses artistas é a tinta em *spray*, que, por meio de diferentes técnicas, pode produzir uma mancha com um efeito mais esfumado, quando aplicada longe da superfície, ou uma mancha mais opaca, com as bordas definidas, quando aplicada perto da superfície.

O grafiteiro Ludu (Luís Eduardo dos Santos) utiliza tinta em *spray* para pintar muro. São Paulo (SP). Foto de 2017.

Mas o *spray* não é o único modo de aplicar a tinta em uma parede ou muro. O preenchimento de uma área muito grande pode ser feito por meio da utilização de rolos de tinta, que também produzem manchas mais opacas e definidas nos suportes.

Outra técnica convencional na criação desses trabalhos é o uso de estêncil (palavra originada do inglês, *stencil*), um tipo de molde para imagens ou padrões feitos com recortes em papelão, cartolina, entre outros materiais. O grafiteiro coloca o estêncil na superfície e passa a tinta em *spray* sobre ele. A tinta entra somente pelos recortes, fixando a imagem desejada no suporte.

Nazza Stencil/Plantilla. *La matanza nativa*, 2021. Estêncil aplicado em Casanova, Argentina.

Além desses recursos para aplicar a tinta no suporte, existem soluções para que os grafiteiros alcancem áreas muito altas. Por exemplo, quando um grafite é realizado em toda a superfície da fachada de um prédio, o artista pode usar um andaime e os equipamentos de segurança adequados para se elevar às partes mais altas e poder pintar.

> Assista ao filme *Cidade cinza* para conhecer um pouco mais sobre o universo criativo dos grafiteiros. Veja a referência completa e uma resenha do filme na seção "Para ler, ouvir e ver", ao final da Unidade.

Jovem caminhando na frente de uma parede com estêncil atribuído ao artista britânico Banksy, cuja identidade é anônima. Paris, França. Foto de 2018.

O grafieiro brasileiro Eduardo Kobra realizando o grafite *Coexistence*, que representa diferentes crianças utilizando máscaras durante a pandemia de covid-19, em São Paulo (SP). Foto de 2020.

OUTRAS VOZES

O grafiteiro Rai Campos (1992-), conhecido como Raiz Campos, nasceu na Bahia, mas cresceu no povoado de Vila Pitinga, no estado do Amazonas. Suas obras estão presentes em muros e fachadas de construções da região.

1 Leia a seguir um trecho de entrevista com o grafiteiro Raiz Campos. Discuta a leitura com a turma e o(a) professor(a) e responda às perguntas.

[...]

Quando [você] consolidou seu estilo?

Raiz Campos: Não tenho nenhum estilo consolidado. Considero que meu estilo está evoluindo junto comigo, de acordo com minha consciência e com o que vou aprendendo e vivendo. Meu estilo está em plena transformação, sempre evoluindo. O que eu posso dizer é que ele carrega bastante a temática indígena e a temática amazônica, isso é algo consolidado em meu estilo.

De onde buscou referências para seu estilo?

Raiz Campos: Minhas maiores referências são os artistas de Manaus [no estado do Amazonas]. Gosto muito de acompanhá-los e de usá-los como referência, pois eles pintam nossa própria cultura e falam sobre nossos lugares e nossos problemas [...]. Artistas latino-americanos e artistas que pintam a Amazônia em outros países também são minhas referências, além da arte indígena, desde a grafia, os padrões geométricos e os elementos da natureza. Isso tudo é minha inspiração.

[...]

Qual sua combinação de cores predileta?

Raiz Campos: Eu me interesso por todas as cores, mas tenho mais admiração pelo verde. Como fui criado na floresta amazônica, o verde está sempre em minha cabeça. Para onde eu olhava, quando eu era pequeno, via verde: nas árvores, nas gramas, em todo lugar. Isso sempre foi minha referência, já que na cidade a gente vê muitos tons opacos, muitos tons cinza [...]. Eu pinto com o verde para contrastar com esses tons da cidade, para remeter à Amazônia e remeter à floresta que havia aqui antes de ser transformada em concreto.

[...]

A cultura regional na arte urbana do artista "Raiz". Arte sem Fronteiras, 10 set. 2016. Disponível em: http://artesemfronteiras.com/artista-raiz-campos/. Acesso em: 3 fev. 2022 (Adaptado pelos autores especialmente para esta obra).

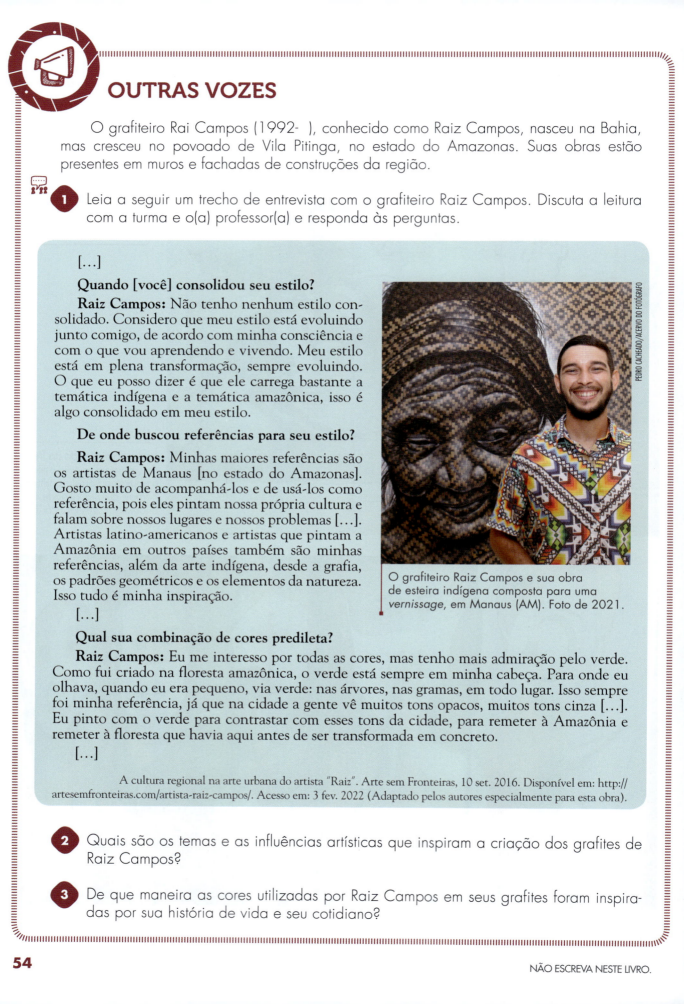

O grafiteiro Raiz Campos e sua obra de esteira indígena composta para uma *vernissage*, em Manaus (AM). Foto de 2021.

2 Quais são os temas e as influências artísticas que inspiram a criação dos grafites de Raiz Campos?

3 De que maneira as cores utilizadas por Raiz Campos em seus grafites foram inspiradas por sua história de vida e seu cotidiano?

Nas paredes das cavernas

A criatividade dos seres humanos e a utilização de paredes como suporte são observadas também em desenhos e pinturas que podem datar de até 30 mil anos atrás! Esses registros, que compõem a arte rupestre, foram realizados em paredes de locais como grutas, cavernas e lajes de rochas, com tintas feitas de elementos retirados da natureza, como água, gordura animal, terra e carvão.

Hipóteses foram formuladas sobre os significados da arte rupestre com base em diversos fatores, como localização dos registros e análise dos formatos, imagens e cores empregados. Entre as hipóteses, discute-se a possibilidade de os seres humanos daquele período acreditarem que os desenhos e as pinturas tinham capacidade transformadora, mágica. Por exemplo, se os animais fossem representados sendo caçados, a mesma cena se transformaria em realidade. Segundo essa teoria, a arte rupestre era realizada com objetivos que iam além do puro deleite: ela tinha a função de transformar o que foi imaginado e criado nas paredes, que eram expressões da vontade do ser humano.

Detalhe de pintura rupestre no Sítio Arqueológico Talhado, no Assentamento Nova Esperança, em Olho d'Água do Casado (AL). Foto de 2021.

Pintura

Na expressão artística da pintura, a escolha da tela como suporte pode apresentar diferentes vantagens. Entre elas, destaca-se a mobilidade que esse suporte permite. Na maioria das vezes, o artista pode levá-la para qualquer lugar de seu interesse. A tela é geralmente formada por um tecido esticado sobre uma estrutura feita de madeira, e o artista pode escolher o formato que preferir: retangular, redondo, quadrangular, etc.

No Ocidente, a utilização da tela como suporte para a pintura ocorreu simultaneamente à popularização do uso da tinta a óleo, por volta dos séculos XIV e XV. A secagem lenta desse tipo de tinta, que pode levar meses, permite que o pintor crie a obra de forma gradual, modelando, corrigindo e sobrepondo camadas. O artista pode, portanto, trabalhar por cima de alguma imagem já feita de que não tenha gostado. É como se a imagem fosse apagada, mas na verdade ela foi coberta com mais camadas de tinta, o que pode proporcionar à pintura um aspecto único na **materialidade** do encontro da tinta com a tela. Na obra da série *Nenúfares*, do artista francês Claude Monet (1840-1926), é possível observar que o pintor sobrepôs camadas de tinta a óleo. Nessa sobreposição, diversas cores se relacionam, parecendo se misturar.

Materialidade: diz respeito às características físicas de determinado objeto. Na pintura, pode se referir à quantidade de tinta colocada sobre a superfície da tela, resultando em efeitos de textura e relevo.

Claude Monet. Obra da série *Nenúfares*, 1916. Óleo sobre tela, 200 cm × 200 cm.

Dois ingredientes são essenciais para a produção de uma tinta: diluentes (também chamados de solventes) e pigmentos. Os pigmentos são os componentes que dão coloração à tinta. Eles são feitos da extração de elementos de origem vegetal, como frutas e flores, e minerais, como sedimentos, rochas e solos. Esses elementos são transformados em um pó que é misturado ao diluente escolhido, como água e aguarrás. Os diluentes devem homogeneizar os pigmentos e torná-los mais pastosos ou líquidos. No caso da tinta a óleo, o pigmento é misturado a um óleo de origem vegetal, como o de linhaça, para auxiliar na adesão da tinta à tela.

Existem outras tintas, como têmpera, acrílica, guache e nanquim, feitas com diferentes pigmentos e diluentes, que podem ser aplicadas em diversos suportes.

Romans Suta. *Músicos rurais*, 1934. Pintura em nanquim, 48 cm × 33,7 cm.

O nanquim foi criado na China há mais de 2 mil anos. A principal característica dessa tinta é sua coloração preta opaca, que proporciona uma densa cobertura no desenho ou pintura. Quando se adiciona água ao nanquim, obtêm-se diversos tons de cinza. Na obra *Músicos rurais*, pode-se deduzir que o artista letão Romans Suta (1896-1944) elaborou a obra sem diluir o nanquim em água, pois a pintura apresenta forte contraste entre o preto opaco do nanquim e a coloração parda do papel.

Luiz Aquila. *Pintura Una*, 1987. Acrílica sobre tela, 240 cm × 260 cm.

Apesar de fosca, a tinta acrílica apresenta um brilho sutil. Comparada à tinta a óleo, tem uma secagem muito mais rápida. Na pintura acrílica do artista carioca Luiz Aquila (1943-), é possível observar que diversas cores foram utilizadas, mas, diferentemente do efeito obtido na pintura a óleo de Monet, elas não parecem se misturar nem se sobrepõem na tela. Isso não significa que não seja possível misturar ou sobrepor cores com a tinta acrílica: se a diluirmos em água, ela adquire um aspecto mais transparente, que possibilita várias sobreposições.

A técnica da pintura com têmpera consiste na criação de uma tinta mediante a adição de pigmentos misturados em água e cola ou em água e ovo. A utilização da têmpera não permite a obtenção de múltiplas tonalidades nem a mistura de cores, mas pode resultar em cores brilhantes e translúcidas, ou opacas e fortes, dependendo da quantidade de pigmentos e de ingredientes de consistência na composição da tinta.

A obra *Marília de Dirceu*, do artista Alberto da Veiga Guignard (1896-1962), foi realizada com têmpera sobre um suporte de madeira. Nela, é possível observar a cor translúcida obtida com a têmpera na representação do véu que aparece sobre os cabelos escuros da figura feminina, compondo uma relação com o fundo, de tonalidades claras. A cena criada pelo artista é harmônica em função das tonalidades escolhidas e das características da tinta utilizada.

Alberto da Veiga Guignard. *Marília de Dirceu*, 1957. Têmpera sobre madeira, 61,5 cm × 51,5 cm.

Portanto, a escolha das tintas para pintar uma obra gera distintas possibilidades materiais e expressivas, e o tempo empregado na realização de uma pintura também depende dessa escolha. Como exemplificado, a tinta a óleo requer um tempo de secagem maior em relação às tintas que podem ser solúveis em água, como as acrílicas e as têmperas. Além disso, a quantidade de camadas de tinta em uma pintura pode fazer com que a secagem seja mais lenta. O tamanho do suporte e o das imagens que serão feitas sobre ele também afetam o tempo de criação de uma pintura. Quanto maiores forem esses elementos, provavelmente maior será o tempo empregado no processo.

Iberê Camargo. Obra da série *Ciclistas*, 1990. Pintura a guache, 159 cm × 185 cm.

Observe a obra do artista gaúcho Iberê Camargo (1914-1994), que foi realizada com tinta guache. As propriedades da composição química dessa tinta fazem com que ela tenha uma secagem rápida. Outro aspecto interessante do guache é que tintas de cores mais claras podem ser colocadas sobre cores mais escuras após a secagem, criando novas possibilidades cromáticas em decorrência dessas sobreposições. A obra de Iberê Camargo demonstra como esse material é capaz de produzir misturas diversificadas. Os detalhes da imagem evidenciam a sobreposição de cores de tonalidades mais claras sobre o preto, por exemplo.

A fotografia exibida a seguir mostra Iberê Camargo no momento da criação de uma de suas obras. Perceba que o artista opta por pintar de pé e utiliza um pincel. Durante a realização de uma pintura, a posição de nosso corpo em relação ao suporte modifica nossos gestos, o que consequentemente afeta o traçado na tela. De pé, temos mais facilidade de movimentar todo o corpo, além de podermos nos distanciar da pintura para ter uma visão mais ampla do todo. Já quando estamos sentados e com uma folha apoiada sobre a mesa, apenas as mãos, os pulsos e os braços conseguem se movimentar.

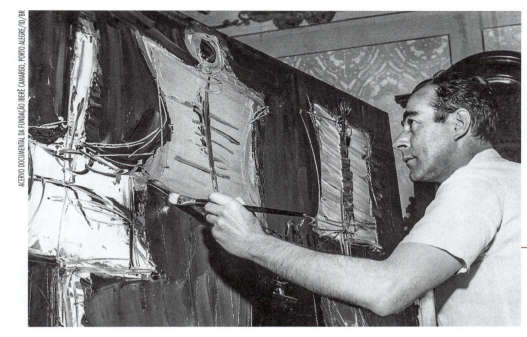

Iberê Camargo trabalhando em uma de suas pinturas. Porto Alegre (RS). Foto de 1960.

Os diversos suportes, bem como as tintas, podem requisitar diferentes modelos de pincéis. Aqueles que possuem cabos menores são utilizados em pinturas geralmente feitas sobre papel de formato pequeno ou para estudos, realizadas com aquarela ou nanquim. Já os pincéis com cabos grandes são destinados às pinturas de maiores dimensões, nas quais normalmente se usam as tintas a óleo e acrílica.

Os pelos que formam as cabeças dos pincéis podem ser mais macios e ter maior capacidade de absorção, característica importante para os trabalhos com aquarela, um tipo de tinta solúvel em água. Já os pincéis com pelos de consistência mais dura, porém ainda elásticos, são ideais para o trabalho com as tintas a óleo e acrílica.

Uma terceira característica importante a se notar nos pincéis é o formato dos pelos. Se um pincel tem os pelos colocados de forma achatada, ele será bom para fazer linhas e preencher áreas uniformemente. Já os pincéis com pelos organizados em formato redondo deixam manchas menos definidas e mais orgânicas.

A escolha de um pincel é feita pela análise do tamanho de seus cabos e das características de seus pelos, assim como do tipo de tinta que será aplicada.

Desenho

> **Ponto:** pequeno registro de forma arredondada deixado a lápis, caneta, carvão ou outro material sobre um suporte. Na Geometria, um ponto se refere a uma posição no espaço, a partir da qual se fazem todas as figuras geométricas.
>
> **Hachura:** conjunto de traços sobrepostos ou paralelos utilizados em pinturas, desenhos ou gravuras para a produção de diferentes tonalidades e sombras, além de modelar o que está sendo representado.

O desenho é realizado pela composição de linhas que podem ser feitas em diversas direções. Juntas, as linhas criam formas retas, curvas ou onduladas. Para desenhar utilizam-se, geralmente, lápis, canetas, carvão, lápis de cor, entre outros materiais capazes de fazer traços de espessura fina sobre um suporte. **Pontos** e **hachuras** também podem ser utilizados na composição de um desenho.

O desenho preparatório é realizado na etapa do planejamento de uma obra, que será finalizada em outra técnica. Pode ser um esboço para uma pintura ou uma gravura. As formas são criadas em papel e, depois, transferidas para a superfície que será pintada ou finalizada. Também são feitas no próprio suporte, com a utilização de lápis grafite ou carvão. Os estudos para a elaboração de uma pintura, que planejam posicionamento, inclusão de detalhes e busca de soluções de composição, costumam ser feitos a lápis. Entretanto, nada impede que uma pintura seja iniciada com a própria tinta, sem que se planeje um desenho antes.

1 Leonardo da Vinci. *Estudo para cabeça de jovem mulher*, 1483. Desenho.
2 Leonardo da Vinci. *A Virgem dos rochedos* (detalhe), 1483-1486. Óleo sobre madeira, 199 cm × 122 cm.

Observe os dois trabalhos realizados pelo artista renascentista Leonardo da Vinci (1452-1519). A primeira imagem apresenta um estudo, ou desenho preparatório, em que o artista utiliza hachuras para construir a imagem, técnica que pode ser observada mais facilmente no cabelo. A segunda é o detalhe da obra *A Virgem dos rochedos*, em que é possível observar o componente do desenho preparatório finalizado.

Podemos notar que, apesar de um desenho preparatório ter sido feito para a obra, o resultado final ficou diferente do projeto inicial. Isso acontece porque o processo criativo nunca para, novas ideias surgem e podem ser incorporadas ao trabalho pelo artista.

MÃOS À OBRA

A cidade da turma

Nesta atividade, você vai participar de um processo de busca por referências artísticas no espaço a sua volta: elas vão servir de inspiração para um trabalho em artes visuais. Também exercitará a imaginação e transformará um elemento visual que já existe em uma imagem criada por você, pensando nas cores, nas formas e no espaço que cada parte vai ocupar em uma folha de papel avulsa.

Materiais:
- Folha de papel avulsa A4
- Lápis grafite e lápis de cor
- Câmera fotográfica ou telefone celular

Como fazer:

1. Acompanhado pelo(a) professor(a), caminhe pelo bairro onde sua escola está localizada.

2. Com o auxílio de uma câmera fotográfica ou celular, fotografe os espaços considerando seus elementos visuais. Podem ser publicidades, grafites, detalhes de prédios, construções antigas onde se vê a ação do tempo, assim como aspectos da natureza misturados aos urbanos.

3. Procure considerar, antes de realizar a foto, a forma como a câmera ficará posicionada, na horizontal ou na vertical, e também a altura desta em relação ao espaço. Você pode escolher fotografar de pé, sentado, agachado; pode ainda apoiar a câmera ou celular em algum suporte.

4. Ao retornar à escola, selecione a imagem captada de que mais tenha gostado.

5. Elabore um desenho inspirado em elementos da imagem escolhida, como as cores, os temas, os traços, a relação com o espaço do bairro em que estava exposta, etc.

6. Apresente o desenho finalizado para a turma e detalhe seu processo criativo: de que forma a imagem inspirou você, quais técnicas foram utilizadas para desenhar (pontos, linhas, hachuras) e como você organizou os elementos de seu desenho.

Gravura

As expressões artísticas até aqui apresentadas têm como objetivo a realização de uma única obra. Já a gravura é uma expressão que se caracteriza pela possibilidade de reprodução de um mesmo trabalho. A xilogravura, por exemplo, é um processo de impressão semelhante ao carimbo, que permite a produção de várias cópias da mesma imagem. A primeira etapa do processo é o desenvolvimento de um desenho preparatório feito, por exemplo, em uma folha de papel vegetal, que é, então, copiada com o auxílio de um papel-carbono para o suporte da xilogravura, chamado de **matriz**.

O processo de criação de uma xilogravura demanda muito cuidado no manejo de suas ferramentas, pois elas são cortantes. O xilógrafo utiliza um aparato chamado **goiva**, que faz cortes e cava a matriz com base no desenho planejado. O processo cria sulcos na madeira. Em seguida, uma tinta gráfica é distribuída, com o auxílio de um rolo, pela matriz. Os espaços não cavados da madeira ficam com a cor da tinta, enquanto os cavados permanecem limpos, pois a espessura da tinta gráfica não permite que ela entre nas cavidades formadas. Por fim, um pedaço de papel é colocado sob a matriz, e uma prensa ou colher de pau, em movimentos circulares, é passada por cima dele. O papel é retirado e a impressão da xilogravura está pronta. Esse processo é longo, pois é preciso preparar a madeira, transferir o desenho, cavá-la e depois testar a impressão até que o resultado fique satisfatório.

> **Matriz:** suporte sobre o qual se realiza uma obra para posterior impressão e reprodução. O material da matriz é o que determina o tipo da gravura. Na xilogravura, esse suporte é feito de madeira.
>
> **Goiva:** ferramenta com ponta de metal cortante que é utilizada para cavar um bloco de madeira na produção de uma xilogravura.

1 Conjunto de goivas, ferramentas utilizadas na produção de xilogravuras.

2 Processo de gravação na madeira durante a criação de uma xilogravura.

3 Processo de aplicação de tinta gráfica sobre a madeira cavada.

4 Impressão no papel por meio da madeira gravada e pintada.

As capas dos folhetos da **literatura de cordel** são ilustradas por xilogravuras. Nessas obras, mais comumente encontradas e produzidas na Região Nordeste do Brasil, a capa deve ser capaz de introduzir ao leitor a história contida nos folhetos, que pode ter as mais variadas temáticas: de lendas e acontecimentos regionais até adaptações de livros estrangeiros.

> **Literatura de cordel:** gênero literário popular que apresenta histórias escritas geralmente em versos rimados, e que são construídas valendo-se de relatos orais. É impressa em folhetos. O nome **cordel** está relacionado à maneira como esses folhetos são expostos para venda: pendurados em cordas ou cordéis.

Artista pernambucano José Francisco Borges (1935-), mais conhecido como J. Borges, produzindo um xilogravura, em Bezerros (PE). O artista é um dos xilógrafos e cordelistas brasileiros mais renomados. Foto de 2012.

Folhetos de literatura de cordel à venda no Mercado de São José, em Recife (PE). Foto de 2017.

Escultura

As expressões artísticas desenho, pintura, gravura e grafite são bidimensionais, ou seja, têm apenas duas dimensões: altura e largura. A escultura se diferencia delas porque apresenta três dimensões: largura, altura e profundidade. A escultura é, portanto, tridimensional.

A criação de uma escultura pode ocorrer de diferentes maneiras e está relacionada à escolha do material. Materiais maleáveis, como argila, cimento e gesso, precisam ser modelados. Nessa técnica, os materiais são adicionados aos poucos e moldados para que a forma seja criada. Já blocos de madeira, marfim ou pedra, por exemplo, são esculpidos ou entalhados, portanto precisam ter o excesso de material retirado até que se chegue ao resultado desejado. Outra técnica é a fundição: metais, como bronze, latão, ferro e chumbo, são aquecidos a determinada temperatura até que derretam. Após o resfriamento, o metal assume o formato do molde em que foi derramado.

Auguste Rodin. *Galateia*, 1889. Escultura em mármore, 60,8 cm × 40,6 cm × 39 cm. O entalhe é uma das técnicas empregadas no processo de esculpir materiais como pedra e madeira.

Bloco de pedra sendo esculpido com o manuseio do cinzel e do martelo, ferramentas utilizadas para o entalhe.

Até meados do século XX, os materiais utilizados para a realização de esculturas eram majoritariamente madeira, pedra, marfim, argila, além de metais como ouro, prata, bronze, latão, ferro e chumbo. Com o desenvolvimento tecnológico, novos materiais foram incorporados e ampliaram o campo da escultura: **fibra de vidro**, acrílico, plástico, concreto, chapas de metais variados e uma série de peças e objetos do cotidiano, como partes de automóveis, garrafas, lâmpadas, etc. Dessa maneira, novas técnicas são empregadas para reunir esses materiais em uma escultura, como soldar, costurar, cortar, dobrar, entre outros métodos.

> **Fibra de vidro:** material composto de fios de vidro finos, com grande resistência em relação aos outros materiais. Em função de sua espessura, é altamente flexível e pode ser modelada para se adquirir a forma desejada.

Sokari Douglas Camp. *God's children/God's gift* ("Crianças de Deus/presente de Deus", em português), 2016. Barris de óleo, latas de azeite, 191 cm × 211 cm × 140 cm.

Sokari Douglas Camp (1958-) prestigiando a arte de Lauren Baker, em Londres, Reino Unido. Foto de 2021.

Dessa maneira, o tempo para a produção artística é difícil de ser determinado, pois depende não somente das técnicas, mas dos materiais utilizados para a criação em artes visuais. Mesmo quando um grupo de artistas decide realizar obras sobre uma mesma temática e com os mesmos materiais, os processos criativos, as formas de trabalhar o material e o tempo de produção particulares de cada um possibilitam resultados visuais diferenciados.

ARTE DO AMANHÃ

Arte sustentável

O conhecimento artístico não se limita à identificação de obras ou artistas, tampouco ao uso de materiais para produzir imagens ou objetos. A arte pode desenvolver e ampliar nossas formas de percepção do mundo com base em diversas experiências.

O desenvolvimento sustentável é um tema de debate atual e fundamental para pensar nossa relação com o mundo em que vivemos. A sustentabilidade deseja conservar e recuperar as condições ambientais do planeta. Para isso, é necessária uma série coordenada de mudanças e questionamentos de atitudes. Por exemplo, temos de repensar a quantidade de lixo que produzimos e seus efeitos sobre o ambiente em que vivemos. A arte pode auxiliar na construção de um futuro sustentável, permitindo reflexões sobre as transformações em nosso planeta.

A artista plástica Sayaka Ganz.

Sayaka Ganz. *Dulu*, 2020. Objetos de plástico descartados, armadura de aço, arames, abraçadeiras, ferragens e base de aço, 183 cm × 81 cm × 46 cm.

De acordo com dados do Programa das Nações Unidas para o Meio Ambiente, cerca de 8 milhões de toneladas de plástico poluem os oceanos a cada ano. Tamanha quantidade de lixo é resultado do descarte inadequado desses materiais e de sua não reutilização. Diante desse cenário, a escultora japonesa Sayaka Ganz (1976-) busca reutilizar objetos feitos de plástico descartados para criar esculturas de animais. Sayaka coleta esses objetos, tendo em seu estoque sessenta caixas contendo materiais plásticos separados por cor. Quando a artista tem o número suficiente de objetos de plástico de uma cor, ela os emprega na criação de uma escultura. Parte do plástico que seria jogado nos oceanos é transformada em arte.

O trabalho de Sayaka Ganz é um exemplo de que a arte pode se comportar como uma linguagem sensível em que a criatividade entra em foco para superar obstáculos. A arte é um importante meio para produzir um pensamento inovador, essencial para o enfrentamento de desafios. Quando ela está presente em nosso cotidiano, e nos conscientizamos de sua importância, mudamos nosso modo de perceber e refletir sobre o que vemos e vivenciamos.

3 A mistura de expressões artísticas na contemporaneidade

As artes visuais ampliaram, de modo geral, seu campo, seus materiais e seus temas. A partir da década de 1950, as fronteiras rígidas que existiam entre escultura, pintura, gravura e outras expressões artísticas se transformaram, e novos materiais e tecnologias foram incorporados aos procedimentos artísticos. Isso não significa que as expressões artísticas já existentes deixaram de ser utilizadas, mas os artistas pararam de se restringir à utilização de materiais e técnicas antes limitadas a cada expressão. Um exemplo é o surgimento, na cena artística, do movimento Arte *Pop* (*Pop Art*).

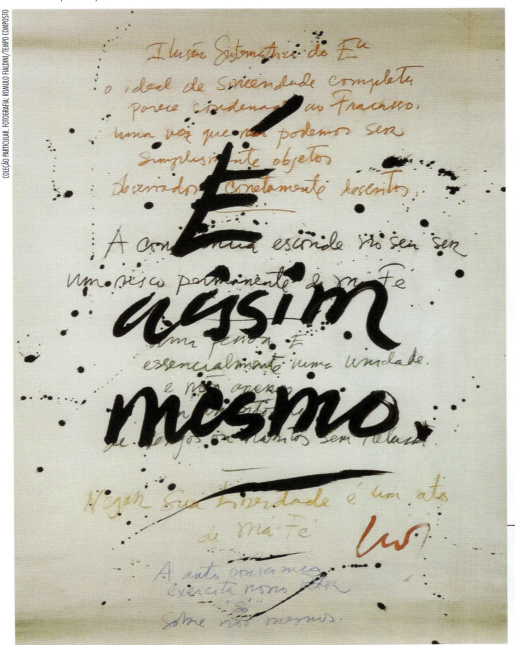

Wesley Duke Lee. *É assim mesmo*, 1977. Guache, lápis de cera sobre papel e óleo sobre tela, 184 cm × 140,6 cm. O artista foi um dos principais nomes do movimento Arte *Pop* no Brasil.

Cultura de massa: expressão cultural que busca agradar e atingir um grande grupo de pessoas. Pode criar produtos para o consumo e reproduzir, em grande escala (ou escala industrial), suas atitudes, ideias e perspectivas.

Consumismo: sistema econômico e social baseado no consumo exagerado e na aquisição de bens que, muito frequentemente, são desnecessários.

Nascido na Inglaterra, mas difundido nos Estados Unidos a partir da década de 1960, o movimento Arte *Pop* era formado por artistas que buscavam uma arte que utilizasse símbolos da **cultura de massa** e da vida cotidiana. Para isso, eles empregavam elementos de diferentes campos, como a publicidade, o cinema, a televisão e os quadrinhos em suas obras. Artistas como Andy Warhol (1928-1987) e Roy Lichtenstein (1923-1997) são alguns dos principais nomes do movimento. Suas obras também eram entendidas como críticas ao **consumismo**, pois usavam materiais, técnicas e referências a elementos do universo industrial. No Brasil, a Arte *Pop* teve uma abordagem mais engajada, com críticas políticas e sociais. Entre seus principais nomes estão Rubens Gerschman (1942-2008) e Wesley Duke Lee (1931-2010).

É importante observar que, mesmo havendo inovações tecnológicas, novas expressões e a ampliação de possibilidades, muitos artistas também se apropriam de materiais e expressões artísticas tradicionais. Isso acontece porque, diferentemente de um computador, que pode ficar mais ágil e com maior capacidade a cada avanço tecnológico, tornando as outras máquinas obsoletas, a arte se serve da criatividade humana, ou seja, uma obra pode ser criada mesmo usando materiais e técnicas inventados e desenvolvidos em um passado mais distante.

Colagem

A colagem é uma expressão artística em que pedaços de diversos materiais, que podem ter texturas, cores e formatos diferentes, são organizados em determinada superfície. Na colagem, o uso de distintos materiais, em cores e recortes variados, é intencional, deixando evidente a criação resultante desse processo, ou seja, a intenção é de que possamos identificar essa variedade de formas na obra.

A colagem foi incorporada às artes visuais no início da década de 1910, quando um movimento artístico chamado Cubismo surgiu na França. Os principais artistas desse movimento foram o espanhol Pablo Picasso (1881-1973) e o francês Georges Braque (1882-1963). Os cubistas propunham representar a natureza, pessoas e objetos por meio da utilização de formas geométricas.

Hannah Höch. *Collage*, 1920. Colagem.

Além disso, eles incorporaram elementos do cotidiano em suas pinturas, como recortes de jornais ou outros papéis, pedaços de espelho e de madeira, e dessa maneira davam origem a relevos e objetos tridimensionais. O próprio tecido utilizado como suporte em suas obras era um pano de cozinha, no lugar do tecido comumente empregado para pintura.

George Braque. *O violino*, c. 1913. Colagem, 62,5 cm × 28,5 cm. Nessa colagem, é possível observar fragmentos de diferentes tipos de papel, como recortes de jornais e páginas de livros.

Georges Braque em momento de criação em um ateliê. Paris, França. Foto de 1910.

A técnica da colagem, inserida no movimento cubista, combina referências visuais, que trabalham noções de fragmentação e justaposição. Ou seja, as perspectivas do olhar são evidenciadas na superfície plana das obras, de modo que a representação de um objeto seja a mais completa possível no que diz respeito a sua estrutura e a seu volume.

MÃOS À OBRA

Colagem digital

Você vai experimentar o processo de criação de uma colagem por meio da utilização de um *software* de edição de imagens. Para isso, pense nas referências artísticas pesquisadas ou indicadas em sala pelo(a) professor(a) ao longo desta Unidade, associadas aos conhecimentos já adquiridos.

Material:

- Computador com *software* de edição de imagens instalado e acesso à internet

Como fazer:

1. Pesquise imagens na internet para montar o que deseja. De preferência, escolha imagens que tenham o fundo de uma única cor ou transparente. Isso facilitará o processo de recorte dos contornos dos elementos que serão utilizados na composição. Salve quantas imagens desejar em uma pasta no computador.

2. Abra o *software* de edição de imagens e explore livremente as ferramentas disponibilizadas (recortar, preencher, texturizar, compor luz e sombras, ampliar ou minimizar, etc.).

3. Escolha a cor do fundo de sua montagem.

4. Incorpore as imagens que você salvou na pasta em seu computador ao arquivo da montagem.

5. Recorte o entorno das figuras que farão parte de sua colagem.

6. Explore as possibilidades do *software* de edição de imagens. Verifique se você pode girar os elementos na direção que quiser, sobrepô-los, mudar a ordem das camadas. Trabalhe também com as ferramentas de texto para colocar letras ou palavras de diferentes fontes e tamanhos em sua colagem.

7. Salve o arquivo. Se possível, imprima a colagem e mostre o resultado a seus colegas.

TROCANDO IDEIAS

- Responda às perguntas a seguir, refletindo sobre o que foi abordado nesta Unidade e converse com os colegas e o(a) professor(a).

a) Nesta Unidade, foram exploradas diferentes expressões artísticas. Qual foi a que mais chamou sua atenção? Descreva os materiais e técnicas que podem ser empregados nessa expressão.

b) Você refletiu sobre a presença do grafite em lugares do cotidiano de uma localidade. Na área onde você vive (cidade, município, reserva, etc.), existe alguma obra de arte em um espaço público? Para você, como ela interfere nesse ambiente?

EM POUCAS PALAVRAS

Nesta Unidade, você:

- reconheceu algumas características das seguintes expressões artísticas das artes visuais: grafite, pintura, desenho, gravura, escultura e colagem.
- observou a relação entre o processo criativo e a escolha do material utilizado em cada expressão artística.
- compreendeu que existem diversos tipos de tintas, feitas com diferentes diluentes e pigmentos.
- compreendeu como o uso de diferentes pincéis, tintas em *spray* e rolos produzem resultados visuais diversos em pinturas.
- entendeu a presença de linhas, pontos e hachuras para a constituição do desenho.
- compreendeu o processo de produção de uma xilogravura por meio da cavação da matriz e da utilização de goivas.
- identificou que o escultor pode retirar e adicionar matéria, dependendo do material e de sua intenção, criando figuras e formas tridimensionais.
- compreendeu que é possível misturar duas ou mais expressões artísticas e usar materiais novos, ampliando os campos das artes visuais.

PARA LER, OUVIR E VER

Filme

- ***Cidade cinza***, direção de Guilherme Valiengo e Marcelo Mesquita. Brasil, 2012 (80 min).

  O documentário, produzido em São Paulo, aborda questões sobre a arte em lugares públicos e discute as diferenças entre grafite e pichação.

UNIDADE 3
PROCESSOS CRIATIVOS EM DANÇA

Os gestos, movimentos e ações que realizamos diariamente podem ser usados como inspiração e fazer parte do processo criativo de uma dança. A foto que abre esta Unidade é do espetáculo de dança *Pé de vento, cabeça no chão*, da Cia REC. Nele, os movimentos dos dançarinos foram inspirados na maneira como as crianças realizam atividades do dia a dia, como dormir e tomar banho. Dessa forma, o espetáculo expressa as diferentes sensações que as crianças experimentam em seu cotidiano.

TROCANDO IDEIAS

- Observe a imagem, converse com os colegas e o(a) professor(a) e responda às perguntas a seguir.

   a) Qual é a relação que pode ser feita entre os movimentos que realizamos no cotidiano e os processos criativos em dança?

   b) Você já criou ou participou da criação de uma dança?

   c) Entre as ações que realiza em seu cotidiano, quais você acredita que poderiam inspirar movimentos de uma dança?

Espetáculo de dança *Pé de vento, cabeça no chão*, da Cia REC, que apresenta cenas comuns do cotidiano, como dormir. Rio de Janeiro (RJ). Foto de 2015.

1 O estudo do movimento

É por meio de nosso corpo e de seus movimentos que interagimos com o mundo. Existem diversas maneiras de agir e se movimentar em determinados momentos do dia a dia. Cada situação e local demanda reações distintas, e diferentes músculos, sentidos, emoções e conhecimentos são ativados.

Rudolf Laban e dançarinos em momento de ensaio. c. 1930.

O dançarino, teórico e **coreógrafo** eslovaco Rudolf Laban (1879-1958), por meio do estudo de ações corporais, desenvolveu uma metodologia de análise do movimento. As ações corporais, como socar, flutuar, pontuar, pressionar, chicotear, torcer, sacudir e deslizar, são compostas de movimentos e envolvem a nossa racionalidade, bem como o físico e o emocional. Nossa formação cultural também influencia nas movimentações corporais. Por exemplo, diferentes maneiras de andar existem em razão de nossa personalidade, de nossa cultura e de distintas motivações, necessidades, contextos, etc. Repare como você anda de um jeito diferente quando está atrasado para um compromisso em comparação a seu andar em um passeio.

De acordo com o teórico:

> O movimento é um elemento básico da vida. Existe em todos nós, mas, para aproveitar sua força, devemos tomar consciência do que significa e aprender a reconhecer seus princípios e experimentar suas formas.
>
> Rudolf Laban. *Dança educativa moderna*. São Paulo: Ícone, 1990. p. 128.

Coreógrafo: profissional de dança que cria e define a sequência de movimentos que serão executados pelos bailarinos ou dançarinos em um espetáculo ou coreografia.

Para Laban, os princípios do movimento, que estão presentes em qualquer ação corporal, se manifestam por meio da exploração e das relações existentes entre os elementos indicados a seguir:

- o corpo;
- as características do movimento;
- as pessoas e objetos com que interagimos durante a movimentação;
- o espaço em que o movimento é realizado.

O **corpo** é o elemento que se movimenta, sejam suas partes ou o todo. Por exemplo, nas danças urbanas, em diferentes momentos, os dançarinos movimentam cada parte do corpo isoladamente, ou todo o corpo junto, de uma só vez.

As **características do movimento** dizem respeito às maneiras como ele se realiza e expressa sensações e sentimentos.

Nós interagimos e realizamos conexões com **os objetos e as pessoas** presentes no espaço que ocupamos durante o movimento. Por exemplo, quem está no palco interage com o cenário e os outros bailarinos.

Existem dois tipos de **espaço:** o primeiro é o parcial, que está no entorno de nosso corpo, e o segundo é o lugar em que estamos durante a movimentação, como uma praça, um palco, etc.

> **Dança urbana:** estilo de dança que surgiu em centros urbanos e abarca diversas modalidades, como *hip-hop*, *breakdance*, *popping*, *locking*, entre outras.

Diferentes possibilidades de movimento

Na criação de uma dança, diferentes possibilidades de movimento do corpo podem ser exploradas. Por exemplo, quando nos movimentamos, usamos o espaço a nossa volta de várias maneiras. Podemos usar distintos níveis, isto é, diferentes alturas em relação a determinada referência, como outro corpo, um objeto, etc.

Companhia de dança Anjali em *performance* realizada no Museu de Arte Moderna de Oxford. Os bailarinos ocupam o espaço do museu, posicionando o corpo em diferentes níveis. Oxford, Reino Unido. Foto de 2007.

De modo geral, esses níveis são:

- **Nível alto**: movimento realizado acima da altura da cabeça.

- **Nível baixo**: movimento realizado abaixo da altura da cintura, como estar na posição de cócoras, ajoelhado, sentado ou deitado.

Bailarina executa movimento em nível alto. Sydney, Austrália. Foto de 2018.

Bailarina executa movimento em nível baixo. Usinsk, Rússia. Data desconhecida.

- **Nível médio**: movimento realizado na altura da cintura. Por exemplo, movimentos com os joelhos ou o tronco flexionados.

Bailarino executa movimento em nível médio. Londres, Reino Unido. Foto de 2022.

MÃOS À OBRA

Dançando as ações corporais

Elaborar uma coreografia é uma experiência que exige criatividade, organização, ensaio e cooperação de todos os envolvidos. Após algumas etapas de preparação, você e sua turma vão criar coreografias utilizando ações corporais e diferentes velocidades.

Materiais:

- Folhas de papel avulsas A4
- Canetas hidrográficas coloridas
- Três recipientes para depositar pedaços de papel (caixa, pote, envelope, saco, etc.)
- Dicionário de língua portuguesa
- Músicas com diferentes velocidades

Etapa 1 – Ação e velocidade

1. Dividam a turma em quatro grupos.

2. Cada grupo deve pesquisar no dicionário de língua portuguesa dez verbos que indiquem ação, como correr, saltar, girar, entre outros.

3. Recortem uma folha de papel avulsa A4 em dez pedaços. Em cada um deles, escrevam um dos verbos que encontraram.

4 Dobrem e depositem os pedaços de papel em um recipiente para o sorteio. Colem um pedaço de papel escrito "Ação" no recipiente para identificá-lo.

5 Peguem outra folha de papel avulsa A4, dividindo-a em dez pedaços. Separem quatro pedaços e, em cada um deles, escrevam palavras que identifiquem a velocidade da coreografia: muito lenta, lenta, rápida, muito rápida.

6 Dobrem e depositem os pedaços de papel em um recipiente diferente, identificado com a palavra "Velocidade".

7 Um estudante do grupo deve sortear uma palavra de cada recipiente. O restante dos integrantes deve realizar uma ação corporal inspirada nas palavras sorteadas. Por exemplo, a palavra **correr** é retirada do recipiente "Ação", e a palavra **rápido** é retirada do recipiente "Velocidade". Portanto, o grupo deve fazer movimentos inspirados pela combinação das duas palavras: **correr rápido**.

8 Façam várias rodadas até que todos os integrantes tenham sido escolhidos para retirar os papéis dos recipientes.

Etapa 2 – Ações opostas

1. Cada grupo deve pegar uma folha de papel avulsa A4 e recortá-la em dez pedaços compridos e retangulares.

2. Com o auxílio do dicionário de língua portuguesa, vocês devem pesquisar verbos que indiquem ação e seus antônimos. Por exemplo: abrir e fechar; aparecer e desaparecer; cair e levantar.

3. Em cada pedaço de papel, escrevam do lado esquerdo o verbo de ação e, do lado direito, seu antônimo.

4. Dobrem e depositem os pedaços de papel em um recipiente identificado com o nome "Ações opostas".

5. Um estudante deve sortear um papel e o restante do grupo deve criar movimentos inspirados no contraste entre as palavras anunciadas.

6. Façam várias rodadas até que todos os integrantes tenham sido escolhidos para retirar o papel do recipiente.

Etapa 3 – Criando uma coreografia

1. Discutam os movimentos e as ações corporais criados nas etapas anteriores e selecionem aqueles que vocês acreditam que vão compor melhor uma sequência coreográfica.

2. Selecionem a música que vai fazer parte da coreografia e escolham o momento de entrada de cada movimento nessa música.

3. Criem transições de ligação entre um movimento e outro.

4. Memorizem as sequências de passos, posições no espaço e deslocamentos, como as trocas de lugar.

5. Busquem um sincronismo da coreografia com a música escolhida.

6. Utilizem o recurso de filmagem para analisar os vídeos no final dos ensaios, como processo de desenvolvimento do grupo.

7. Ensaiem a sequência coreográfica. Primeiro, movimento por movimento; depois, do início ao fim.

8. Apresentem a coreografia do grupo para a turma.

9. Depois da apresentação de todos os grupos, formem uma roda e conversem com o(a) professor(a) e os colegas sobre como foi o processo criativo dessa coreografia com base nas ações corporais.

Relação entre espaço e movimento

Como você aprendeu, existem dois tipos de espaço na realização de uma ação corporal: o que está no entorno de nosso corpo e o lugar em que estamos durante a movimentação. Nesta atividade, você vai trabalhar com esses dois tipos de espaço ao mesmo tempo.

Material:

- Fitas-crepe de três cores diferentes

Como fazer:

1. Afastem mesas e cadeiras para os cantos da sala de aula, de maneira que o espaço central fique livre.

2. Com o auxílio do(a) professor(a), vocês vão escolher uma das fitas-crepe coloridas para fazer, no chão da sala de aula, um quadrado que deve ocupar a maior área disponível possível.

3. Em seguida, vocês vão escolher outra cor de fita-crepe e marcar, dentro do quadrado, um triângulo.

4. Por fim, dentro do triângulo e utilizando uma terceira cor de fita-crepe, vocês devem marcar um círculo.

5 Dividam a turma em três grupos de estudantes.

6 Ocupem o espaço do quadrado demarcado no chão.

7 O(a) professor(a) vai tocar uma música em um aparelho de som ou usando um instrumento musical. Dentro do quadrado, vocês devem movimentar o corpo.

8 Cada grupo deve se movimentar em um nível diferente:
- Grupo 1: Nível alto.
- Grupo 2: Nível médio.
- Grupo 3: Nível baixo.

9 Na escolha de seus movimentos, vocês devem considerar o ritmo da música, o espaço de que dispõem para se movimentar e que estão dividindo com outros estudantes, além da maneira como os colegas se movem.

10 Quando o(a) professor(a) parar a música, vocês devem mudar do quadrado para o espaço demarcado no formato de um triângulo.

11 Quando a música retornar, os grupos devem trocar o nível em que se movimentam:
- Grupo 1: Nível médio.
- Grupo 2: Nível baixo.
- Grupo 3: Nível alto.

12 Quando o(a) professor(a) parar a música, vocês devem mudar do triângulo para o espaço demarcado no formato de um círculo.

13 Quando a música retornar, os grupos devem trocar novamente o nível em que se movimentam:
- Grupo 1: Nível baixo.
- Grupo 2: Nível alto.
- Grupo 3: Nível médio.

14 Ao final da experimentação, formem uma roda de conversa e reflitam sobre como seus movimentos mudaram de acordo com o espaço que ocuparam e o nível em que se moviam. Falem também sobre quais sensações tiveram durante a experiência de acordo com a limitação gradativa do espaço.

ARTE DO AMANHÃ

A importância da alimentação para quem dança

Bailarino executando um salto em um espetáculo de dança, em Odessa, Ucrânia. Foto de 2019.

Na dança, utilizamos o corpo para nos expressar. Quando dançamos, o corpo demanda bastante energia porque acionamos diferentes músculos, tendões, articulações, além de produzirmos vários tipos de hormônios e compostos químicos. Na imagem, você pode observar que o bailarino mobiliza grande número de músculos para executar o salto e, portanto, utiliza muita energia. Essa energia vem dos alimentos que comemos. O alimento é o combustível do corpo! Se não existir reserva suficiente de energia, o corpo não terá como desempenhar todas suas funções durante a dança de forma satisfatória. Além disso, o bailarino começará a sentir sensação de fadiga, falta de fôlego, fraqueza, podendo até sofrer lesões.

É importante consumir alimentos de todos os grupos alimentares, já que cada um deles desempenha importantes funções no organismo. Por exemplo, a principal fonte de energia para o organismo é o grupo alimentar dos carboidratos, que ajuda a manter o pique e evitar o desgaste físico. Sempre que possível, devem-se priorizar alimentos feitos com grãos integrais, que preservam mais nutrientes do que os refinados. As proteínas e as gorduras boas, como azeite de oliva extravirgem, castanhas e amêndoas, também devem estar presentes nas refeições, e é indicado evitar o consumo excessivo de alimentos industrializados, que possuem em sua composição aditivos químicos altamente prejudiciais à saúde. Dessa forma, com uma alimentação equilibrada, haverá melhora no fortalecimento muscular e menor risco de lesões para o bailarino. A hidratação também é essencial.

A nutrição saudável é um direito de todas as pessoas. Procure cuidar de seu corpo por meio de hábitos alimentares equilibrados. Os efeitos negativos de uma alimentação inadequada podem ser sentidos em curto ou em longo prazo.

2 Novas maneiras de entender e fazer dança

Performance *Floor of the Forest* (em tradução do inglês para o português: "Chão da floresta"), criada por Trisha Brown, em 1970. Os bailarinos experimentam vestir-se na horizontal, sofrendo a ação da gravidade. Kassel, Alemanha. Foto de 2017.

Assim como outras linguagens artísticas, a dança está em constante mudança. A partir de meados do século XX, artistas desafiaram a existência de códigos preestabelecidos de movimento, como aqueles da dança clássica e da moderna. Novas composições coreográficas surgiram e seus processos criativos assumiram diferentes formas. Nesse contexto da dança na contemporaneidade, o processo de construção artística deu espaço para expressões que são próprias de cada sujeito e que favorecem a criatividade e a superação dos modelos tradicionais.

A dança se abriu para a multiplicidade de modos de dançar, e não há limite de idade para praticá-la ou modelo de corpo que deve ser alcançado. Passa-se a valorizar o movimento singular de cada indivíduo como o ponto de partida da criação. Portanto, a ideia de um corpo ideal é questionada: não existe um tipo de corpo feito para dançar; existem, sim, corpos.

A narrativa não precisa mais ser utilizada, ou seja, uma apresentação não necessita mais contar uma história. Encontramos multiplicidade de estilos, significados, temáticas, processos criativos, além do uso da tecnologia. Trata-se de um novo comportamento artístico e social.

A coreógrafa e bailarina estadunidense Trisha Brown (1936-2017) é um exemplo desse comportamento na dança. Como resultado de vários anos de estudos e experimentações, ela construiu, com outros artistas, um novo conceito de dança e desenvolveu um modo próprio de dançar. A dança na contemporaneidade revela também o entendimento do artista como investigador e pesquisador de movimentos, gestos, ritmos e significados. Isso contribuiu para grandes mudanças nas maneiras de se compreender e fazer dança, principalmente quando se trata de seus processos criativos.

Trisha Brown, por exemplo, concentrou-se na exploração e na investigação de movimentos comuns do cotidiano, como ficar de pé, andar ou se vestir, para demonstrar como eles são afetados pela força da gravidade.

Dois corpos são atraídos um pelo outro devido à força da gravidade. Os objetos caem em direção ao chão, por exemplo, pois estão sendo atraídos pelo centro do planeta Terra.

Adereço coreográfico utilizado na *performance Floor of the Forest*, de Trisha Brown. Londres, Reino Unido. Foto de 2011.

Em 1970, Trisha Brown criou a **performance** *Floor of the Forest*. Nela, várias roupas estão penduradas em cordas amarradas numa estrutura retangular, feita de canos, com dimensões de 4 metros de comprimento por 5 metros de largura.

Dançarinos se locomoviam pela estrutura, tentando vestir as roupas penduradas. O movimento de se vestir nessa peça é realizado na horizontal, e não na vertical, como fazemos cotidianamente. Assim, essa ação corporal é reinventada e ganha novas possibilidades de movimento.

Trisha Brown faz uso da tecnologia em suas "peças equipadas". Nesses trabalhos, ela aborda a relação do corpo com a gravidade por meio da utilização de vários equipamentos, como engrenagens, cordas, cabos e polias, para direcionar bailarinos em diferentes posicionamentos.

Na *performance Walking on the Wall* ("Andando pela parede", na tradução do inglês para o português), criada em 1971, utilizando alguns desses equipamentos, os dançarinos se prendem por meio de cabos e cordas a uma parede. Dessa maneira, eles conseguem caminhar pela parede, e ficam em posição paralela ao chão. Na criação e na experimentação da *performance*, Brown observou o que acontece com o corpo de quem dança quando as condições gravitacionais são desafiadas. Já na apresentação, ela exibiu o resultado dessa pesquisa.

> **Performance:** ação em que o artista utiliza o corpo como núcleo central, criando movimentos inspirados no cotidiano e na realidade urbana.

Performance Walking on the Wall (1971), coreografada por Trisha Brown. Londres, Reino Unido. Foto de 2011.

Outro exemplo é o trabalho do coreógrafo e bailarino estadunidense Merce Cunningham (1919-2009). Na década de 1950, o artista começou a utilizar procedimentos aleatórios, como lançamento de dados e moedas ao ar, para tomar algumas decisões na composição de suas coreografias. Os resultados desses procedimentos determinavam a sequência e as ligações entre os trechos das coreografias, sua duração e até mesmo o número de bailarinos que dela participariam.

O coreógrafo estadunidense Merce Cunningham, um dos principais nomes da dança contemporânea, com um grupo de bailarinos. Foto de 1975.

Outro aspecto inovador na obra de Cunningham é que ele criou coreografias sem músicas, cenários ou narração, originando peças em que a dança se apoiava apenas em si mesma, sem a utilização de outros artifícios. Na década de 1990, o artista começou a incorporar *softwares* digitais em seus processos criativos.

EXPLORANDO NA REDE

A criação de uma coreografia

Conhecer diferentes processos criativos em dança pode revelar a maneira pela qual coreógrafos e bailarinos realizam as investigações das possibilidades de movimentos do corpo em relação ao espaço, além de outros elementos. Você vai pesquisar, em *sites* de coreógrafos e de bailarinos, detalhes sobre o processo criativo de uma coreografia.

1. Formem grupos de cinco ou seis estudantes e escolham um coreógrafo ou bailarino brasileiro para pesquisar. Vejam a seguir uma lista com sugestões de nomes que vocês podem escolher para iniciar a investigação.

   - Alejandro Ahmed
   - Deborah Colker
   - Dudude Herrmann
   - Henrique Rodovalho
   - Ismael Ivo
   - Lia Robatto
   - Luciana Paludo
   - Luiz Fernando Bongiovanni
   - Sônia Mota
   - Waldete Brito

2. Pesquisem, em *sites* de busca da internet, se o coreógrafo ou bailarino que vocês escolheram tem uma página oficial – seja em um *site*, seja em uma rede social – ou um canal em uma plataforma de compartilhamento de vídeos.

3. Observem os vídeos e as fotos disponibilizados e prestem atenção a tipos de movimento, como surge um tema ou uma inspiração, como é o espaço utilizado para a apresentação de seus trabalhos, etc.

4. Leiam ou vejam entrevistas em que o artista discute o processo criativo de um espetáculo ou uma coreografia.

5. Com base no resultado da pesquisa, formulem um cartaz indicando algumas características observadas no processo de criação do artista.

6. Apresentem a pesquisa que desenvolveram para a turma.

7. Após a apresentação de todos os grupos, discutam as diferenças que observaram nos vários processos criativos pesquisados.

OUTRAS VOZES

Performance de *Claraboia*. Direção de Morena Nascimento e Andreia Yonashiro. São Paulo (SP). Foto de 2015.

Uma caminhada, uma improvisação e até a escalada de um prédio podem ser utilizadas em coreografias na dança. O corpo não precisa se mover apenas enquanto em pé; ele pode estar deitado, sentado, dependurado em cabos ou mesmo estirado em um telhado de vidro. Portanto, o palco de um teatro não é mais o único lugar em que um espetáculo de dança é apresentado.

A bailarina mineira Morena Nascimento (1981-) criou dois espetáculos em que utilizou como ponto de partida a experimentação da movimentação de seu corpo em uma claraboia. Nos espetáculos *Claraboia* e *Estudos para claraboia*, Nascimento propõe que o público fique deitado no chão. Dessa forma, a plateia assiste de baixo ao que acontece em cima, na claraboia. As luzes coloridas que atravessam a superfície do vidro transparente, assim como a utilização de panos, tintas e objetos como mangueiras e bolinhas coloridas, auxiliam na exibição da dança. O processo criativo levou em consideração as relações entre o espaço, o corpo, as características do movimento, a luz e os objetos presentes.

Claraboia: abertura no alto de edificações que permite a entrada de luz natural.

1 Leia, a seguir, um trecho de entrevista com Morena Nascimento em que ela fala da utilização da claraboia como palco em seu espetáculo. Depois, discuta a leitura com a turma e o(a) professor(a) e responda às perguntas oralmente.

> **A que atribui o sucesso de *Claraboia* e, agora, *Estudos para Claraboia*?**
>
> **Morena Nascimento:** Acho que a questão mais óbvia é a inversão do ponto de vista. Além disso, o diálogo integrado entre as artes é outro ponto atrativo: o espetáculo mistura dança, artes visuais, música, jogo de luzes. Isso alimenta muito o público, é uma experiência rica, cheia de informações. Todo o elenco vem atuando com muito prazer e paixão e percebo que o público sente essa verdade com que estamos trabalhando.
>
> [...]
>
> **Como foi a transição de intérprete para coreógrafa?**
>
> **Morena Nascimento:** Depois de trabalhar por cinco anos com a companhia de Pina [Bausch, coreógrafa alemã], fui reunindo muitas ideias. Tive vontade de criar e arriscar. Logo que cheguei, no final de outubro de 2010, fui convidada para criar um espetáculo que dialogasse com o tema "luz" [...]. Desde o começo, eu sabia que não queria fazer no palco. Eu me apaixonei pela claraboia e pensei numa dança para ser vista de baixo. A princípio, o trabalho foi solo e depois fui reunindo diversos coreógrafos e bailarinos para um espetáculo em conjunto, o que veio a se tornar o *Estudos para claraboia*, cuja direção é minha e de Andreia Yonashiro. [...]
>
> Livia Deodato. Morena Nascimento: "Arte contemporânea criou espaço de difícil acesso". *Veja São Paulo*, 5 dez. 2016. Disponível em: https://vejasp.abril.com.br/cultura-lazer/morena-nascimento-estudos-claraboia-pina-bausch/. Acesso em: 4 fev. 2022.

2 De acordo com a artista, quais são os elementos que geraram uma resposta positiva do público em relação ao espetáculo?

3 Como Morena Nascimento idealizou o espetáculo e a utilização da claraboia nele?

TROCANDO IDEIAS

 • Responda às perguntas a seguir, refletindo sobre o que foi abordado nesta Unidade e converse com os colegas e o(a) professor(a).

a) Artistas como Trisha Brown exploraram os movimentos realizados no cotidiano em suas criações. Escolha um artista abordado nesta Unidade e detalhe quais características de seu processo criativo mais chamou sua atenção.

b) Na seção "Mãos à obra", você criou coreografias baseadas nas ações corporais. Comente a experiência.

c) Depois de conhecer o trabalho da artista Morena Nascimento, em quais outros espaços você considera possível que aconteça um espetáculo de dança?

EM POUCAS PALAVRAS

Nesta Unidade, você:

- explorou as possibilidades de movimentação do corpo em diferentes dimensões do espaço.
- reconheceu a importância da alimentação saudável para o fortalecimento muscular e para haver menor risco de lesões quando dançamos.
- conheceu aspectos do processo criativo em dança por meio de estímulos como movimentos do cotidiano.
- experimentou e explorou movimentos com base em ações corporais e ampliou seu repertório.
- explorou os níveis alto, médio e baixo na movimentação do corpo.
- conheceu características do processo criativo de bailarinos e coreógrafos como Trisha Brown e Morena Nascimento.
- pesquisou diferentes coreógrafos brasileiros e os aspectos de seu processo criativo em dança.

PARA LER, OUVIR E VER

Livro

- *O livro da dança,* de Inês Bogéa. São Paulo: Companhia das Letrinhas, 2002.

  O livro conta a história da autora, a bailarina Inês Bogéa, e sua trajetória de experimentações com movimentos corporais na ginástica olímpica, na capoeira e no balé.

Filme

- *Pina,* direção de Wim Wenders. Alemanha: Neue Road Movies, 2011 (143 min).

  O documentário é uma homenagem à coreógrafa alemã Pina Bausch (1940-2009). Aborda a vida e a carreira dessa artista contemporânea, assim como exibe algumas *performances* de sua companhia.

Audiovisual

- *Figuras da dança,* disponível em: https://spcd.com.br/memoria/figuras-da-danca/. Acesso em: 4 fev. 2022.

  Série de documentários composta de 34 episódios, com duração média de 26 minutos cada um, em que diferentes artistas discutem seus processos criativos e a relação com a arte.

UNIDADE 4
PROCESSOS CRIATIVOS EM MÚSICA

A criatividade é inerente ao ser humano, ou seja, todos nós podemos exercer nossa capacidade de criar tanto na Arte como em qualquer outra área do conhecimento. Algumas atividades podem instigar mais nossa criatividade. Em música, são muitos os momentos que exigem o exercício de criar, como compor uma canção, fazer arranjos musicais, tocar instrumentos, improvisar e cantar, entre vários outros.

O *rapper* paulista Emicida (1985-), presente na foto que abre esta Unidade, canta músicas compostas por ele em suas apresentações ao vivo e improvisa versos no momento do *show*, realizando um grande exercício de criatividade.

Nesta Unidade, você vai conhecer as principais características do som e dos processos criativos envolvidos em composição, improvisação, gravação e execução de músicas.

TROCANDO IDEIAS

- Converse com os colegas e o(a) professor(a) sobre processos criativos em música e responda às perguntas a seguir.

    a) Você já teve alguma experiência criativa que envolveu a música? Conte como foi.

    b) A fotografia que ilustra a abertura da Unidade apresenta um artista em um *show*. Quais são os momentos de criatividade que podem ocorrer nesse espaço?

Rapper Emicida em apresentação em Lisboa, Portugal. Foto de 2019.

1 Fazer música é criar

Na criação de uma música, é necessário organizar os sons dos instrumentos e das vozes e escolher os momentos em que haverá pausas e silêncios. Essa organização sonora parte de uma **cultura musical** anterior, ou seja, trata-se das referências musicais que temos, como os sons que costumamos ouvir pelo rádio, pela TV, pela internet, em *shows* ou em grupos musicais dos quais participamos. Na construção de nossa cultura musical, é importante estarmos abertos para ouvir músicas de vários estilos e épocas. As novas músicas que ouvimos ampliam e reorganizam nossas referências, inspirando diferentes ideias criativas.

Os sons e os silêncios são a matéria-prima para a construção de uma música. Os instrumentos musicais e as vozes são capazes de produzir sons muito diferentes, que podem ser combinados de diversas maneiras quando criamos ou executamos uma música. A prática do canto ou de algum instrumento musical auxilia na familiarização com esses sons. Ouvir e praticar música são os caminhos para transformar nossas ideias em composições musicais.

O som tem quatro propriedades principais: **timbre**, **intensidade**, **altura** e **duração**. Combinar essas propriedades faz parte do processo criativo em música.

Sanfoneiro do grupo Congado de São Benedito e Santa Efigênia dos Homens Pretos se expressa musicalmente por meio de seu instrumento. Minas Novas (MG). Foto de 2016.

1. Timbre

O **timbre** é a identidade do som. É o que nos permite reconhecer diversos instrumentos e vozes. Por exemplo, uma nota tocada em um violino soará diferente da mesma nota tocada em uma flauta. Isso ocorre em função dos seguintes aspectos que interferem na produção sonora e diferenciam o timbre de um instrumento do de outro:

- **o modo como o som é produzido no instrumento:** pelo sopro, percutido com baquetas ou com as mãos, entre outros exemplos;
- **a maneira como o som vibra dentro do instrumento:** ele pode ressoar dentro da caixa de um violão ou percorrer o corpo de uma flauta, etc.;
- **o material de que é feito cada instrumento:** madeira, metal, plástico, etc.

O grupo musical O Mercado do Choro, da cidade de Belém, no estado do Pará, desenvolveu sua sonoridade por meio do uso de quatro instrumentos musicais: o clarinete, o pandeiro, o cavaquinho e o violão de sete cordas. Os diferentes materiais e tamanhos dos instrumentos, assim como as distintas maneiras como o som vibra em cada um, dão ao grupo uma sonoridade muito rica em timbres.

O grupo musical O Mercado do Choro, em Belém (PA). O conjunto se dedica a tocar choro, um estilo musical brasileiro também conhecido como chorinho. Foto de 2022.

ATIVIDADES

1. Reproduza a faixa 1. Ela apresenta o som de cada um dos instrumentos musicais a seguir, que, como você viu, são utilizados por grupos como O Mercado do Choro.

1 Clarinete: instrumento de sopro que tem corpo feito de madeira.

2 Pandeiro: instrumento de percussão, batido e movimentado com as mãos. É formado por um aro que contém chapinhas de metal e é coberto por uma membrana de pele (couro de cabra, por exemplo) ou de plástico.

3 Cavaquinho: instrumento cujo corpo é feito de madeira e contém quatro cordas de aço que podem ser tangidas com palhetas de plástico.

4 Violão de sete cordas: maior que o cavaquinho, esse instrumento também tem corpo feito de madeira, mas contém sete cordas de aço ou de náilon, que podem ser tocadas com os dedos ou com a dedeira, uma palheta de plástico que envolve o dedo polegar da mão direita.

2. Aponte como as diferenças sonoras entre os instrumentos estão relacionadas aos distintos materiais de que são feitos e o modo como o som é produzido em cada um.

3. Observe as fotografias a seguir. No caderno, identifique de quais materiais são feitos estes instrumentos e de que maneira eles estão sendo tocados.

4. Ouça a faixa 2. No caderno, relacione os sons que você ouviu aos instrumentos representados nas fotografias.

NÃO ESCREVA NESTE LIVRO.

Prega vocal: dobra na membrana mucosa da laringe que faz parte do processo de produção da voz no corpo humano.
Laringe: órgão que faz parte do sistema respiratório do corpo humano.

As vozes das pessoas também possuem diferentes timbres. Isso contribui para que consigamos reconhecer uma pessoa somente ouvindo sua voz ao telefone, por exemplo. O timbre de cada voz está relacionado às características físicas das pessoas, pois a voz humana é produzida pela vibração das **pregas vocais** presentes na **laringe** e é articulada pela boca, língua, mandíbula, etc.

ATIVIDADES

 1. Ouça a faixa 3, que apresenta a canção "O galo cantou", e acompanhe a letra da canção enquanto a ouve. Na faixa, a canção será primeiro cantada por vozes de timbres diferentes e, em seguida, tocada por diferentes instrumentos.

O galo cantou

O galo cantou, cantou, ô baianinha
O dia amanheceu, amanheceu
Aqui dentro do salão, ô baianinha
Quem cantou melhor fui eu.

O galo cantou, cantou, ô baianinha
O dia amanheceu, amanheceu
Aqui dentro do salão, ô baianinha
Quem cantou melhor fui eu.

O galo cantou (cantiga de destalar o fumo, Vila Fernandes – Arapiraca (AL), transmitida pelas Destaladeiras de Fumo).

 2. Depois de ouvir a gravação, converse com os colegas e o(a) professor(a) sobre quais instrumentos você identificou e as diferenças de timbre que você escutou em cada um, mesmo quando estavam tocando a mesma melodia. Faça a mesma reflexão sobre as diferentes vozes presentes na canção.

 3. Formem grupos de oito estudantes e escutem a faixa 4, que contém a canção "O galo cantou" em versão instrumental, sem a presença de vozes. Um grupo de cada vez deve cantar para o restante da turma sobre a base musical da canção, como se estivessem em um *karaoke*. Façam diferentes combinações de vozes ao cantar a música, buscando realçar os diferentes timbres.

1. Intensidade

A **intensidade** caracteriza os sons como mais fortes ou mais fracos. Por exemplo, um trovão pode soar bem forte, com muita intensidade. Já os pingos de uma chuva fina, ao caírem no chão, soam mais fracos, com menor intensidade. Em um grande *show* de música ao vivo, o som amplificado soará forte, com muita intensidade. E, quando cantamos para um bebê dormir, nossa voz soa fraca, com menor intensidade.

Em uma música, podem ocorrer mudanças de intensidade. Ela pode começar com uma intensidade fraca que aumenta gradativamente, ou ter qualquer outra combinação de intensidades que os músicos desejarem, para tornar a música mais surpreendente e interessante.

Nas **partituras**, os músicos utilizam termos originários da língua italiana para denominar as diferentes intensidades. O termo **piano**, representado pela letra **p**, é usado para denominar os sons fracos. O termo **forte**, representado pela letra **f**, é usado para denominar os sons fortes. Existem outras denominações, de acordo com a variação na intensidade que se deseja: os termos **fortíssimo** (**ff**) e **pianíssimo** (**pp**) são utilizados para designar os sons de maior e menor intensidade, respectivamente. Os termos **meio forte** (**mf**) e **meio piano** (**mp**) indicam os sons de intensidade **intermediária**.

> **Partitura:** representação escrita de uma composição musical. É o sistema de notação típico da música ocidental europeia. Atualmente, é utilizado por músicos no mundo todo.

Festival Rec-Beat, em Recife (PE). Foto de 2020. Em grandes *shows*, a intensidade do som costuma ser forte, para atingir o maior número possível de pessoas na plateia.

JOSÉ BRITTO/FESTIVAL REC-BEAT

O termo **crescendo** (**cresc.**) é utilizado para sequências sonoras em que os sons aumentam gradativamente de intensidade, podendo começar do pianíssimo e chegar até o fortíssimo. Já o termo **decrescendo** (**dim.**) é utilizado para sequências sonoras em que os sons diminuem gradativamente de intensidade, podendo começar no fortíssimo e chegar até o pianíssimo. Por fim, **dinâmica** é como se denominam as alterações que ocorrem em uma música, resultantes das variações nas intensidades sonoras.

Veja na tabela a seguir um resumo das indicações de dinâmica em uma música.

Quadro de indicações de dinâmica

Nome do termo (originário do italiano)	Abreviação/sinal gráfico nas partituras	Significado
Pianíssimo	pp	Intensidade muito suave
Piano	p	Intensidade suave, fraca
Meio piano (*Mezzo-piano*, em italiano)	mp	Intensidade intermediária, meio suave
Meio forte (*Mezzo-forte*, em italiano)	mf	Intensidade intermediária, meio forte
Forte	f	Intensidade forte
Fortíssimo	ff	Intensidade muito forte
Crescendo	cresc. <	Intensidade cada vez mais forte
Decrescendo (*Diminuendo*, em italiano)	dim. ou dimin. >	Intensidade cada vez mais suave

ATIVIDADES

 1. Ouça a faixa 5, que apresenta a gravação da canção "Marinheiro só", e acompanhe sua letra a seguir.

Marinheiro só

Eu não sou daqui
(marinheiro só)
eu não tenho amor
(marinheiro só)
eu sou da Bahia
(marinheiro só)
de São Salvador
(marinheiro só)

Eu não sou daqui
(marinheiro só)
eu não tenho amor
(marinheiro só)
eu sou da Bahia
(marinheiro só)
de São Salvador
(marinheiro só)

Ô marinheiro, marinheiro
(marinheiro só)
quem te ensinou a nadar
(marinheiro só)
ou foi o tombo do navio
(marinheiro só)
ou foi o balanço do mar
(marinheiro só)

lá vem, lá vem
(marinheiro só)
ele vem faceiro
(marinheiro só)
todo de branco
(marinheiro só)
com seu bonezinho
(marinheiro só)

lá vem, lá vem
(marinheiro só)
ele vem faceiro
(marinheiro só)
todo de branco
(marinheiro só)
com seu bonezinho
(marinheiro só)

Domínio público. Marinheiro só. (A letra da canção foi transcrita pelos autores da coleção especialmente para esta obra).

 2. Organizem-se em grupos de cinco estudantes e anotem no caderno as variações de dinâmica que escutarem no decorrer da gravação. Discutam e compartilhem as anotações entre os integrantes do grupo e ouçam novamente a canção para reanalisar as conclusões a que chegaram com a primeira escuta.

 3. Escutem a faixa 6, que contém uma versão instrumental da música "Marinheiro só", sem a participação de vozes. Com base nessa versão e com o auxílio do(a) professor(a), façam uma nova combinação de dinâmica para as vozes dessa canção. Utilizem a faixa para experimentar a combinação escolhida da dinâmica, cantando com esse acompanhamento instrumental. Para a escrita dessa dinâmica no caderno, utilizem os símbolos que vocês aprenderam nesta Unidade.

NÃO ESCREVA NESTE LIVRO.

Altura

Em música, **altura** refere-se à característica de os sons serem graves ou agudos. Existem instrumentos que produzem sons mais graves e outros que produzem sons mais agudos. Por exemplo, o contrabaixo e a tuba podem tocar sons mais graves, já a flauta e o violino podem tocar sons mais agudos. Também é possível perceber as diferenças entre os sons graves e agudos na voz das pessoas. Por exemplo: a voz de homens adultos costuma ser mais grave do que a voz de crianças, geralmente mais aguda.

Uma fonte sonora (um instrumento musical, a voz de uma pessoa, uma máquina ou fenômenos da natureza, como a chuva e o vento) gera vibrações que formam ondas de som conduzidas pelo ar, pela água e por outros elementos. A **frequência** é o número de vibrações por segundo geradas pela fonte sonora. É a frequência que determina a altura de um som. Quanto maior for o número de vibrações geradas pela fonte sonora, maior será a frequência e, portanto, mais agudo será o som que ouvimos. Inversamente, quanto menor for o número de vibrações por segundo, menor será a frequência e, portanto, mais grave será o som.

Por exemplo, na família dos **instrumentos de corda**, a frequência das vibrações produzidas depende do comprimento e da espessura das cordas. Quanto mais curta e mais fina for a corda, maior será a frequência das vibrações e mais agudas serão as notas produzidas. Por isso, o violino, que é o menor instrumento dessa família, com cordas mais curtas e mais finas, produz os sons mais agudos.

> **Instrumentos de corda:** grupo de instrumentos que produzem o som por meio da vibração de suas cordas, como o contrabaixo, o violoncelo, a viola, o violino, a guitarra e o violão. Existem outros grupos de instrumentos, como os de sopro (em que os sons são produzidos pelo ar que circula dentro deles, como a gaita e o trompete) e os de percussão (que produzem sons ao serem batidos, sacudidos ou martelados, como o sino e o chocalho).

Músico da Orquestra Filarmônica de Paraisópolis, comunidade de São Paulo (SP), toca contrabaixo, o maior instrumento da família dos instrumentos de corda. Foto de 2022.

Quanto maior for o instrumento dessa família, mais compridas e mais grossas serão as cordas usadas, e mais graves serão os sons que poderão ser tocados. Assim, nessa família de instrumentos, o contrabaixo é aquele que produz os sons mais graves, seguido do violoncelo. A viola produz sons de altura intermediária, e o violino é o que produz as notas mais agudas.

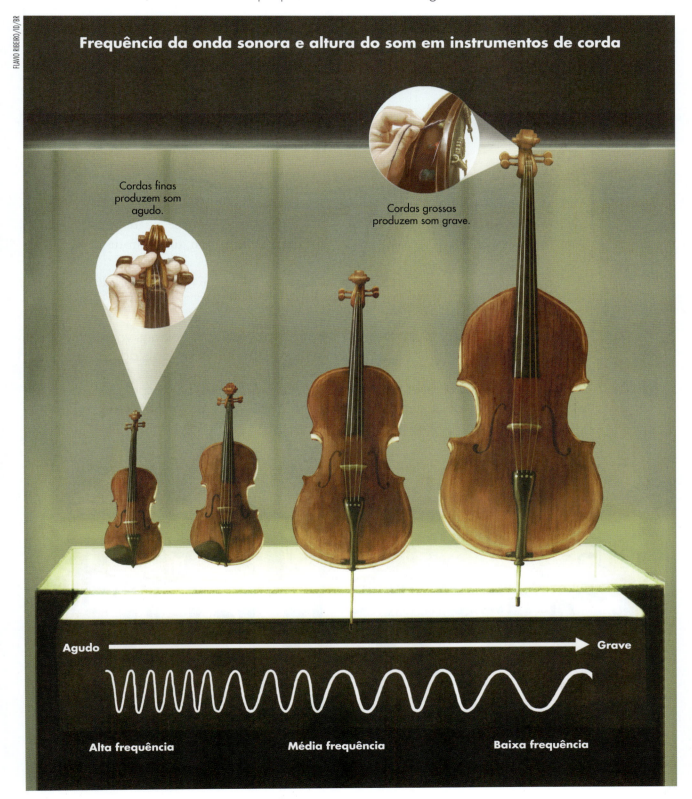

ATIVIDADES

1. Ouça, na faixa 7, a canção "Tum tum tum", dos compositores brasileiros Ari Monteiro (1905--197-) e Cristóvão de Alencar (1910-1983), tocada e cantada em diferentes alturas. Acompanhe a letra a seguir enquanto escuta a canção.

Tum Tum Tum

No tempo que eu era só
e não tinha amor nenhum
Meu coração batia mansinho
Tum Tum Tum

No tempo que eu era só
e não tinha amor nenhum
Meu coração batia mansinho
Tum Tum Tum

Depois veio você
o meu amor número um
E o meu coração pôs-se a bater
Tum, tum-tum-tum, tum-tum-tum

Depois veio você
o meu amor número um
E o meu coração pôs-se a bater
Tum, tum-tum-tum, tum-tum-tum

Ari Monteiro e Cristóvão de Alencar. Tum Tum Tum. Intérprete: diversos.
Em: *Música para colorir*. Rio de Janeiro: Biscoito Fino, 2015. 3 CD, CD 2, faixa 9.

2. O(A) professor(a) vai reproduzir trechos da canção, e você e os colegas vão identificar os momentos em que a melodia estiver em registro mais grave ou mais agudo.

3. Agora, você vai ouvir a faixa por completo e deverá se movimentar pela sala da seguinte maneira: quando a canção estiver em registro mais grave, abaixe-se; quando estiver em registro mais agudo, fique de pé.

Duração

Em música, denomina-se **duração** a propriedade de os sons serem curtos ou longos. Os sons que produzimos, falando, cantando ou tocando instrumentos musicais, possuem diferentes durações: alguns são mais longos e outros, mais curtos. Por exemplo: quando estalamos os dedos, os sons produzidos são de curta duração. Já o som de um trovão é mais longo, de maior duração.

Uma música pode apresentar várias combinações de duração, com alguns sons curtos e outros mais longos.

ATIVIDADES

 1. Ouça na faixa 8 três sons curtos seguidos de três sons longos.

 2. Escute novamente a faixa e observe o esquema a seguir. A representação gráfica da duração dos sons pode ser feita de forma alternativa à partitura convencional, por meio da combinação de pontos, que indicam sons curtos, e de linhas, que indicam sons longos.

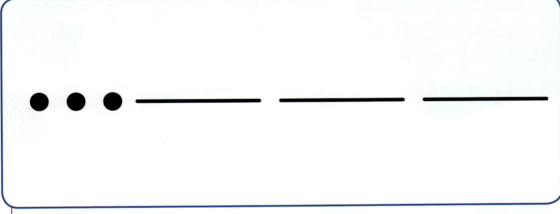

O esquema representa a sequência de três sons curtos e três sons longos.

 3. Agora, com a ajuda do(a) professor(a), reproduzam essa sequência com suas vozes.

 4. Ouça agora a faixa 9, que apresenta outros três exemplos de sequência de sons curtos e longos, e represente graficamente no caderno as durações na ordem em que você escutou. Lembre-se de utilizar pontos para representar sons curtos e linhas para os sons longos. Em seguida, com a ajuda do(a) professor(a), reproduza as sequências indicadas com sua voz.

 5. Organizem-se em grupos de seis estudantes. Cada grupo vai criar três novas sequências de diferentes durações, mesclando sons de curta e de longa duração, e representar as sequências graficamente no caderno, utilizando pontos e linhas. Em seguida, apresentem para a turma uma das sequências criadas utilizando as próprias vozes.

6. Ouça na faixa 10 uma gravação de "Maracangalha", composta pelo artista baiano Dorival Caymmi (1914-2008), e acompanhe a letra da canção, reproduzida a seguir. Preste atenção aos sons curtos e longos na melodia cantada.

Maracangalha

Eu vou pra Maracangalha
Eu vou
Eu vou de **liforme** branco
Eu vou
Eu vou de chapéu de palha
Eu vou
Eu vou convidar Anália
Eu vou

Liforme: uma variação linguística da palavra **uniforme**. No caso da canção, refere-se a uma vestimenta.

Se Anália não quiser ir
Eu vou só
Eu vou só
Eu vou só
Se Anália não quiser ir
Eu vou só
Eu vou só
Eu vou só, sem Anália
Mas eu vou

Dorival Caymmi. Maracangalha. Intérprete: Dorival Caymmi. Em: *Caymmi*. [*S. l.*]: Odeon, 1967. 1 LP, faixa 6.

7. No caderno, copie a letra da canção. Escute novamente a faixa 10 e adicione pontos sob as sílabas ou palavras que tiverem sons mais curtos. Depois, insira linhas sob as sílabas ou palavras que tiverem sons mais longos.

 ## Pausa

Durante uma música, alguns instrumentos podem parar de tocar, enquanto outros continuam. Em algumas canções, todos os instrumentos e vozes podem ficar em silêncio por alguns instantes e depois retomar suas sonoridades. Esses momentos de silêncio que existem nas músicas são chamados de **pausas**. Elas são usadas para tornar as músicas mais interessantes, criando sensações de repouso e contraste.

2 A criação de uma canção

Na criação de uma música, são combinados sons curtos e longos, graves e agudos, fortes e fracos e de diversos timbres, que podem ser originários de diferentes instrumentos musicais, vozes, objetos, máquinas e da natureza. Existem várias formas de realizar essas combinações. Muitas vezes, as características dos sons são utilizadas de maneira consciente nesse processo criativo e, em outras, a intuição musical, que é fruto de nossa cultura musical, é o fator que predomina.

A **canção** é uma forma de música que contém um texto, chamado de **letra**, que é cantado por um artista ou um grupo de artistas e é acompanhado por um ou mais instrumentos musicais. Existem várias etapas no processo de criação de uma canção, como a composição, o arranjo, os ensaios, a gravação e as apresentações ao vivo.

O momento de **composição** de uma canção é aquele em que a letra e a parte musical são criadas. Um ou mais **compositores** trabalham na criação de cada um desses elementos. A letra pode ser escrita antes ou depois de a parte musical estar pronta, ou os dois elementos podem ser compostos simultaneamente.

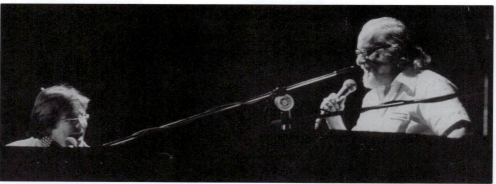

Os compositores cariocas Tom Jobim (1927-1994) e Vinicius de Moraes (1913-1980) foram parceiros na criação de muitas canções, entre elas a composição "Eu sei que vou te amar". Rio de Janeiro (RJ). Foto de 1977.

A compositora Dona Ivone Lara (1922-2018) em apresentação musical. Ela foi uma das principais compositoras brasileiras, tendo lançado cerca de 14 discos. Rio de Janeiro (RJ). Foto de 2010.

Depois desse momento, o compositor pode gravar sua canção em um estúdio de gravação musical ou apresentá-la em *shows* ao vivo. Muitos preferem que as canções sejam trabalhadas por um **arranjador**, o profissional que escolhe quais instrumentos participarão da gravação da canção e indica como cada um será tocado — ordenando os sons musicais de cada instrumento, que podem ir dos graves aos agudos, ou vice-versa —, em que parte da música eles entram e em qual intensidade vão tocar. O arranjador pode criar todo o **arranjo musical** sozinho, em seu estúdio, ou desenvolver suas ideias durante os ensaios.

Os **ensaios** são encontros que os artistas realizam para conhecer as músicas que vão tocar. Alguns arranjadores os utilizam para experimentar seus arranjos e conferir se estão soando da maneira como planejaram. Além disso, eles podem mudar ou aprimorar algumas ideias, melhorando o resultado final, que será registrado na gravação em estúdio.

Existem também artistas que fazem os arranjos musicais durante os ensaios; assim, cada músico contribui com o conhecimento sobre o instrumento que toca. Os **instrumentistas** executam os arranjos musicais criados pelo arranjador ou criam eles mesmos a parte musical que vão tocar, em conjunto com o restante do grupo.

Instrumentista: músico que toca instrumentos. Por exemplo, quem toca bateria é um instrumentista conhecido como baterista; quem toca saxofone é o saxofonista; o músico que toca violão é o violonista, etc.

Almir Sater (1956-) é um cantor e instrumentista brasileiro. A viola é o principal instrumento tocado por Sater. São Paulo (SP). Foto de 2018.

Tendo em vista as etapas do processo de criação apresentadas, podemos ver um exemplo prático de tais momentos na elaboração de um álbum. Acompanhe, a seguir, o envolvimento e os depoimentos dos músicos que participaram, com o compositor Chico Buarque (1944-), da construção de um dos álbuns de sua carreira musical.

De origem carioca, Chico Buarque é um dos mais conhecidos compositores do Brasil. Suas canções estão inseridas em uma cultura musical que abrange gêneros considerados parte das raízes musicais brasileiras, como o baião e, principalmente, o samba. Suas composições também contemplam gêneros musicais de outras vertentes, como a valsa e o *blues*. Em 2011, o compositor gravou o álbum musical *Chico*, que contém dez canções.

No processo de criação desse álbum, ele convidou Luiz Claudio Ramos (1949-) para tocar violão, fazer os arranjos e ser o **produtor musical** do CD. O baixista Jorge Helder (1962-), o pianista João Rebouças (1957-) e o baterista Jurim Moreira (1956-) foram chamados para serem os instrumentistas principais. Alguns outros músicos fizeram participações especiais.

Leia a seguir um depoimento de Chico Buarque presente no documentário *Dia Voa*. Nele, o compositor discute o processo de criação das canções presentes no álbum citado e os ensaios realizados antes de sua gravação.

> Acho que eu fiz a valsa ["Nina"], depois eu fiz o *blues*, "Essa Pequena", depois eu fiz o samba... Eu ia mandando para o Luiz Cláudio [o arranjador] com um intervalo de um, ou dois, ou três meses entre uma música e outra. Esse intervalo era o tempo que estava fazendo cada música, eu estava compondo, e estava recompondo e desfazendo e descompondo, até chegar à forma definitiva, musical, harmônica: "Eu quero essa sequência. É assim, assim. Ela já existe e é assim". A letra vem em seguida, vem quase junta, às vezes ela vai sendo **burilada** até o dia da gravação.
>
> Entrevista de Chico Buarque ao documentário *Dia Voa*, de Bruno Natal. Brasil, 2011 (63 min).

Produtor musical: pessoa responsável por dirigir a gravação de uma música em um estúdio. É o produtor quem coordena os ensaios e as sessões de gravação, orientando instrumentistas e cantores dentro do estúdio. O produtor também supervisiona os processos de mixagem e masterização das músicas gravadas.

Burilado: aperfeiçoado, melhorado.

O compositor Chico Buarque se preparando para uma apresentação ao vivo. Rio de Janeiro (RJ). Foto de 2018.

Como foi possível notar na fala do compositor, seu processo criativo é longo. Ele pode trabalhar na mesma canção por cerca de três meses, até ficar satisfeito com a obra. De forma geral, ele cria primeiro a parte musical e depois a letra, logo em seguida, quase simultaneamente. Quando a canção está pronta, Chico Buarque a envia para o arranjador iniciar seu trabalho. O arranjador Luiz Claudio Ramos comenta esse processo:

> Quando ele [Chico Buarque] apresentou a [música] "Nina" [...], que é uma valsa clássica, em função de tudo que eu já tinha feito com ele, eu já comecei a [imaginar]: quatro flautas, quatro trompas, orquestra sinfônica e tal. Aí ele [disse]: "Não, espera aí, vamos ver aqui..." e acabou ficando um quinteto [grupo de cinco instrumentos de sopro]. Então mudou todo o conceito sonoro do disco. Agora, o que eu tinha feito em termos de arranjo [...], eu aproveitei essas ideias *pro* conjunto que a gente fez. [...] E aí nós começamos a ensaiar na minha casa [...] com o Jorge [Helder] no baixo [instrumento musical de corda] e o João Rebouças [no piano]. [...] Eu acho legal isso: você pegar as ideias de uma grande orquestra e condensar num pequeno conjunto.
>
> Entrevista de Luiz Claudio Ramos ao documentário *Dia Voa*, de Bruno Natal. Brasil, 2011 (63 min).

O arranjador, no início do processo, pensou em criar arranjos para um grande grupo de instrumentistas, planejando até mesmo a presença de uma orquestra. Mas, ao trocar ideias com o compositor, percebeu que Chico queria que os arranjos fossem feitos para um grupo pequeno de instrumentistas. Assim, Ramos aproveitou as ideias iniciais e as adaptou para um pequeno grupo, incluindo violão, piano, baixo e bateria. Quando os ensaios começaram, ele pôde experimentar os arranjos ao ouvir suas ideias serem executadas pelos instrumentistas. Todos puderam oferecer suas contribuições e ajudaram a aperfeiçoar os arranjos de maneira que o resultado agradasse ao conjunto de pessoas que estavam tocando a música.

Chico Buarque e seus instrumentistas na passagem de som para um *show*. São Paulo (SP). Foto de 2018.

Leia a seguir os depoimentos do pianista João Rebouças e do contrabaixista Jorge Helder sobre o processo de experimentação dos arranjos que antecederam a gravação do álbum musical *Chico*.

> Os ensaios são bons *pra* isso, *pra* laboratório mesmo, experimentar. As ideias também vão trocando: o baixo dá uma ideia *pro* piano, o piano dá uma ideia *pro* baixo, o violão dá uma ideia...
>
> Entrevista de João Rebouças ao documentário *Dia Voa*, de Bruno Natal. Brasil, 2011 (63 min).

> [Foi] uma total descontração musical, de poder experimentar tudo. [...] Ao gravar a música eu fiquei com saudades dos ensaios [...]. Não sei se a gente percebe com muita nitidez, com muita clareza, o momento em que você está sendo feliz. Mas quando ele passa e [...] fica na memória... eu tenho certeza de que naquele dia eu estava sendo muito feliz. [...] Eu fiquei com saudade desse ensaio que nós fizemos antes da gravação.
>
> Entrevista de Jorge Helder ao documentário *Dia Voa*, de Bruno Natal. Brasil, 2011 (63 min).

O compositor Chico Buarque e o instrumentista Jorge Helder durante um *show*. São Paulo (SP). Foto de 2012.

Antes mesmo de gravar o álbum, os músicos já haviam passado por várias etapas do processo criativo: a composição das canções, a criação dos arranjos e os ensaios com experimentação e aperfeiçoamento dos arranjos. De acordo com Chico Buarque, esse processo foi muito importante para a concepção do disco e para o momento de gravação das canções:

> [...] entramos no estúdio mais conscientes do que era o disco, do que era cada faixa do disco. [...] Senão, [...] depois que está tudo pronto você diz: "Bom, não era exatamente isso, mas já está gravado, [...] podia ser diferente, mas fica assim mesmo". Aí não, a gente chegou já com a base pronta, com as músicas prontas.
>
> Entrevista de Chico Buarque ao documentário *Dia Voa*, de Bruno Natal. Brasil, 2011 (63 min).

Equipamentos utilizados para a mixagem de uma canção.

Existem diferentes procedimentos de gravação em um estúdio. O produtor pode escolher gravar todos os músicos tocando ao mesmo tempo ou cada instrumentista, separadamente, ou pequenos grupos de instrumentos. Em geral, as últimas gravações são as vozes dos cantores. Depois de finalizadas as gravações e antes de serem divulgadas, as músicas ainda passam por dois processos: a mixagem e a masterização.

> **Streaming:** palavra do idioma inglês que pode ser traduzida para o português como "transmissão de mídia". O *streaming* é uma forma de distribuição de dados de vídeo e música pela internet que permite que uma canção seja escutada sem a necessidade de realizar *download* nem ocupar espaço de memória no dispositivo (*smartphone* ou computador) do usuário.

A **mixagem** é o processo de juntar todos os instrumentos e as vozes gravadas, mas de maneira que formem um conjunto, adequando cada instrumento à sonoridade final desejada. O processo de **masterização** transforma o áudio em um formato que possa ser comercializado, considerando todos os aparelhos em que a música poderá ser reproduzida, como tocadores de CD, *smartphones* ou computadores. A masterização é a última etapa de finalização, visando à reprodução da música comercialmente. Atualmente, os processos de gravação, mixagem e masterização costumam ser feitos por meio de programas de computador, em processos digitais.

Por meio desses mesmos programas, também é possível publicar e compartilhar uma canção gravada e mixada em plataformas de compartilhamento de músicas por *streaming*. Com o desenvolvimento dessa tecnologia, a venda de cópias físicas de CDs ou de LPs diminuiu nos últimos anos. Atualmente, grande número de pessoas prefere ouvir músicas no celular por intermédio desse serviço.

Menina ouvindo música no celular. Os serviços de *streaming* são bastante procurados na atualidade, pois permitem que os dispositivos eletrônicos não tenham seu espaço de memória preenchido com arquivos de música. Campo Mourão (PR). Foto de 2017.

EXPLORANDO NA REDE

A criação de um álbum musical

1. Escolha um de seus álbuns musicais favoritos e pesquise na internet o processo de criação das canções, dos arranjos e dos ensaios antes de sua gravação.

2. Procure, no encarte e na contracapa do CD, ou utilizando uma ferramenta de busca na internet, os nomes dos compositores, arranjadores, produtores musicais, instrumentistas e estúdios de mixagem e masterização envolvidos no projeto.

3. Pesquise depoimentos que esses artistas tenham fornecido a publicações *on-line* e em documentários, sobre detalhes do processo de criação do álbum.

4. Investigue se existem fotos ou vídeos de ensaios ou do processo de gravação desse projeto. Observe se os músicos trocam ideias, como se posicionam no estúdio, em qual ordem gravam cada instrumento e vozes e se a canção trabalhada parece ter mudado entre o ensaio e o momento de gravação.

5. No caderno, anote as informações que coletou e observou sobre cada parte do processo de criação do álbum:

- composição;
- ensaios;
- mixagem;
- arranjo;
- gravação;
- masterização.

6. Em sala de aula, converse com os colegas sobre as diferenças e as semelhanças entre os processos pesquisados.

3 A composição na música de concerto

Na música de concerto, também conhecida como música clássica ou música erudita, existem diversas maneiras de criar uma composição, e uma das mais utilizadas é a que tem como base o **motivo** musical. O motivo é uma unidade musical composta de algumas poucas notas ou um ritmo. Trata-se da ideia principal de uma composição, desenvolvida de várias formas ao longo de sua duração.

Geralmente, a música começa com a apresentação do motivo. Ao longo dela, os compositores podem desenvolver o motivo por meio da alteração dos instrumentos que tocam, de pequenas modificações na altura e na duração das notas, assim como do acréscimo de novas ideias musicais que dialogam com o motivo inicial. Desse modo, o compositor desenvolve o motivo até criar uma música completa.

Orquestra Sinfônica de Teresina (PI) em apresentação no Parque da Cidadania. Foto de 2021.

O compositor alemão Ludwig van Beethoven (1770-1827) utilizou um motivo para compor a *Quinta sinfonia em dó menor*, uma peça que levou quatro anos para ser finalizada. O motivo é composto de quatro sons que lembram batidas de uma pessoa em uma porta. De acordo com Anton Schindler (1795-1864), biógrafo de Beethoven, na época, havia rumores de que o som representaria o destino que bate à porta, trazendo as coisas que nos aguardam em nosso futuro.

Joseph Karl Stieler. *Retrato de Ludwig van Beethoven*, 1820. Óleo sobre tela, 62 cm × 50 cm. A obra representa Beethoven no processo criativo de uma composição.

ATIVIDADES

1. Ouça a faixa 11, que contém a parte inicial da *Quinta sinfonia em dó menor*, de Beethoven. Preste atenção nos quatro primeiros sons que formam o motivo.

2. Reproduza a faixa 12, que contém um fragmento maior da *Quinta sinfonia em dó menor*. Procure identificar, com os colegas e o(a) professor(a), os trechos em que o motivo se repete dentro das variações que o compositor criou.

NÃO ESCREVA NESTE LIVRO.

ARTE DO AMANHÃ

Orquestra Maré do Amanhã

Em 2010, no complexo da Maré, na cidade do Rio de Janeiro, surgiu um projeto dedicado a ensinar música de concerto a crianças e adolescentes de comunidades da região, chamado Orquestra Maré do Amanhã. Por meio da música, o projeto fornece uma alternativa de crescimento cultural, aprendizado e diversão para essas comunidades.

Durante as aulas de música, crianças e adolescentes aprendem a tocar violino, viola, violoncelo, contrabaixo, flauta doce, entre outros instrumentos, além de trabalhar em grupo e desenvolver a disciplina exigida para o aprendizado de um instrumento musical. Os participantes também são estimulados a ter um bom desempenho na escola.

O projeto atende mais de 2 mil crianças e adolescentes e já se apresentou em vários teatros do estado do Rio de Janeiro, de outros lugares do Brasil e até de outros países.

Leia a seguir o trecho de uma reportagem que apresenta a maneira criativa que a Orquestra Maré do Amanhã encontrou de levar música ao público durante o período de distanciamento físico decorrente da pandemia de covid-19.

> Acesse o *site* da **Orquestra Maré do Amanhã** e conheça um pouco mais o projeto. Veja a referência completa na seção "Para ler, ouvir e ver" ao final da Unidade.

Um belo espetáculo musical itinerante conquistou recentemente moradores do bairro da Tijuca, no Rio de Janeiro. Parte da Orquestra Maré do Amanhã, formada por jovens e adolescentes de uma das maiores favelas da cidade, se apresentou no domingo […] em cima de um trio elétrico com um repertório emocionante. Os concertos móveis da Caravana da Esperança querem justamente levar um pouco de alegria às pessoas em tempos de tanta tristeza pelas mortes de tantos brasileiros por causa da covid-19.

"Sorria, cante, dance, acredite, seja feliz", eram as mensagens inscritas na lateral do caminhão de 14 metros de comprimento e 30 toneladas que transportava 12 dos mais de 300 jovens que compõem o projeto […]. Mas não é somente com música de qualidade que esses talentosos moradores do Complexo da Maré estão fazendo a diferença. Eles também levam comida a famílias em extrema vulnerabilidade social nas 16 comunidades da região.

Rosayne Macedo. Orquestra leva esperança às ruas do Rio e comida às comunidades da Maré. *Vida e ação*, 16 maio 2021. Disponível em: https://www.vidaeacao.com.br/orquestra-leva-esperanca-as-ruas-do-rio-e-comida-as-comunidades-da-mare/. Acesso em: 14 fev. 2022.

Orquestra Maré do Amanhã no Morro da Urca, na cidade do Rio de Janeiro (RJ). Foto de 2021.

4 Rap: poesia, duelos cantados e improvisação

A *rapper* curitibana Karol Conká em *show*. São Paulo (SP). Foto de 2020.

O *rap* é parte integrante do movimento cultural **hip-hop**. Trata-se de uma palavra originária da língua inglesa que indica a abreviação de "ritmo e poesia" (em inglês: *rhythm and poetry*). Isso significa que no *rap* a letra da música tem grande importância e deve estar em pleno diálogo com o ritmo da parte musical.

As letras dos *raps* são, muitas vezes, escritas como forma de transmissão de conhecimento sobre o mundo, pautado em valores e princípios que seus compositores defendem. A **rapper** curitibana Karol Conká, (1987-), por exemplo, utiliza suas letras como forma de denunciar as violências e os padrões de beleza e comportamento impostos às mulheres.

Podemos perceber a importância da palavra no *rap* ao observar a letra do poema "Milionário do sonho", de autoria de Elisa Lucinda (1958-), que abre o CD *O glorioso retorno de quem nunca esteve aqui*, do *rapper* brasileiro Emicida, lançado em 2013:

Milionário do sonho

Falo querendo entender,
canto para espalhar o saber
e fazer você perceber
Que há sempre um mundo, apesar de já começado,
há sempre um mundo pra gente fazer
Um mundo não acabado
Um mundo filho nosso, com a nossa cara,
o mundo que eu disponho agora foi criado por mim
Euzin, pobre **curumim**, rico, franzino e risonho, sou milionário do sonho

Elisa Lucinda e Emicida. Milionário do sonho. Intérpretes: Emicida e Elisa Lucinda. Em: *O glorioso retorno de quem nunca esteve aqui*. Laboratório Fantasma, 2013. 1 CD, faixa 1.

Hip-hop: movimento cultural que surgiu no começo da década de 1970 em bairros periféricos da cidade de Nova York, nos Estados Unidos. O movimento envolve o *rap*, a discotecagem, o grafite e a dança de rua. No Brasil, o *hip-hop* ganhou força a partir da década de 1980, em periferias e comunidades de centros urbanos, e apresenta atualmente grande produção cultural.

Rapper: cantor ou compositor de música de *rap*.

Euzin: liberdade poética do autor para se referir a si mesmo.

Curumim: regionalismo amazônico para garoto, menino.

Na canção, Emicida e Elisa Lucinda dizem como pretendem espalhar o conhecimento e a esperança da construção de um mundo melhor por meio do uso das palavras no *rap*.

MCs: sigla que significa "mestres de cerimônias". No caso dos duelos, os MCs são os improvisadores que criam os versos ao vivo.

Apresentador: MC que coordena as etapas do duelo, apresentando o tema da improvisação e coletando os votos do júri e do público.

DJ: abreviação da palavra em inglês *disk-jockey*. O DJ é quem opera o toca-discos ou a mesa de som.

Empoderar: ação de reivindicar poder para si mesmo e para outros ao seu redor. O empoderamento busca impulsionar a voz e a luta por direitos de grupos sociais que são alvo de discriminação.

Existem diferentes maneiras de fazer *rap*. O estilo *freestyle* (ou "estilo livre", na tradução do inglês para o português) tem seu processo criativo baseado na improvisação, ou seja, na criação das músicas ao vivo, em frente a uma plateia. Esse estilo é muito utilizado em disputas entre *rappers*, conhecidas como duelos ou batalhas de **MCs**.

Os temas propostos pelo **apresentador** da batalha são o ponto de partida da improvisação. Os versos improvisados devem ser compostos ao ritmo das batidas da música de *rap* tocadas em um toca-discos ou mesa de som pelo **DJ**. Os duelistas, em seus improvisos, frequentemente apresentam depoimentos que denunciam as situações de marginalização e exclusão social de jovens de comunidades e bairros periféricos e mostram maneiras de resistir e de se **empoderar** nesse contexto. Esses duelos acontecem em várias cidades do Brasil e atraem a atenção das pessoas, que comparecem para apreciar a criatividade dos duelistas.

O vencedor do duelo é determinado, muitas vezes, pela reação do público, que grita, aplaude e apoia seus duelistas, improvisos e versos favoritos. Em alguns eventos, um grupo de jurados avalia os duelistas e, com a ajuda da plateia, determina o vencedor.

Duelo de MCs Nacional, em Belo Horizonte (MG). Foto de 2021.

Em festivais e campeonatos de batalhas de *rap*, geralmente o duelista é avaliado pelo uso que faz de rimas, que devem ser surpreendentes, ousadas e repletas de jogos de palavras e de ideias, em letras que evidenciem o comprometimento com valores coletivos, como o respeito à diversidade social, e com o *rap*, que deve ser apresentado como um instrumento de luta, resistência e denúncia social. O duelista deve se elogiar e criticar o adversário de maneira respeitosa.

A avaliação do duelista será negativa se ele não demonstrar habilidade na improvisação e se utilizar rimas decoradas e óbvias. Também é proibido usar expressões de qualquer tipo de preconceito (como machismo, racismo e homofobia), degradar membros da família do adversário e tocar de maneira inapropriada no corpo dele. O duelista será punido com a eliminação da batalha se agredir o adversário, o apresentador ou a plateia.

Ao final de cada duelo, os MCs se cumprimentam de maneira amigável para deixar claro que a disputa é um momento de criação em que improvisam versos sobre uma base musical.

MCs se apresentando no Circuito Cuiabano de MCs, em Cuiabá (MT). Foto de 2021.

Outros duelos de poesia e música

No século XIX, muitos anos antes do surgimento do *rap freestyle*, já existia no Brasil um estilo de música chamado **repente** ou **cantoria**. Nele, duas pessoas duelam em um desafio de improviso acompanhado de uma base musical.

No repente, dois cantores, denominados repentistas, alternam-se para cantar versos que são improvisados geralmente com base em temas, chamados de **motes**, sugeridos pela plateia. Os motes são criados sobre uma base musical feita pelo toque da viola caipira. Os adversários são determinados no momento da disputa. Cada repentista destaca as próprias qualidades e ironiza o adversário, mas no final eles confraternizam.

Outro exemplo de improviso na música brasileira é o **coco de embolada** ou **embolada**, que mescla improvisos e versos de canções já existentes. O principal instrumento utilizado é o pandeiro, e as duplas costumam ser fixas. Nas apresentações ao vivo, as duplas alternam músicas já conhecidas pela plateia com canções improvisadas no momento do *show*.

As letras das músicas da **pajada** e da **trova**, estilos de música desenvolvidos na Região Sul do Brasil, especialmente no Rio Grande do Sul, são também improvisadas na frente de uma plateia. Porém, nesses estilos, os improvisadores costumam ser acompanhados pelo acordeão.

O *freestyle*, o repente, a embolada, a pajada e a trova são exemplos de processos que utilizam uma base musical para a criação de versos improvisados. No entanto, cada um desses estilos possui regras específicas e pode ou não acontecer em forma de duelos.

Repentista pernambucano Ivanildo Vilanova (1945-). Ele é um dos repentistas mais conhecidos do Nordeste brasileiro e continua em atividade em 2022. Olinda (PE). Foto de 1983.

Adair de Freitas (1947-), tocador de trova, apresentando-se em Santa Maria (RS). Sem data.

MÃOS À OBRA

Torneio de MCs

Você e os colegas vão realizar uma competição de MCs! Durante esta atividade, fique atento aos elementos que compõem uma boa participação em um duelo de *rap*: uma rima surpreendente, a conexão com as batidas da música e o respeito a seus adversários. Utilizem a faixa 13, que contém um batida de *rap* que vai servir de base para os improvisos.

Como fazer:

1 Os estudantes interessados em participar como DJ, combatentes nos duelos ou jurados podem se inscrever para um sorteio que definirá os participantes.

2 A turma deve selecionar os oito estudantes que serão os duelistas, os dois jurados que vão avaliar os improvisos e o DJ que vai controlar o aparelho de som e a execução da faixa 13.

3 Os estudantes não sorteados vão fazer parte da plateia. Lembrem-se de que os integrantes do público desempenham um papel ativo em uma batalha de *rap*: apoiam os participantes e escolhem seus versos e momentos favoritos.

4 O(A) professor(a) será o(a) apresentador(a) e organizador(a) que dará o tema para cada duelo, contará o tempo de cada competidor, colherá os votos dos jurados e da plateia e apontará o vencedor de cada etapa, de acordo com a votação.

5 Os combatentes sorteados enfrentam-se em quatro eliminatórias, duas semifinais e na grande final.

6 Nas eliminatórias, o primeiro combatente sorteado enfrentará o oitavo competidor sorteado, o segundo sorteado enfrentará o sétimo combatente sorteado, e assim por diante, até todas as batalhas serem formadas. Vocês podem utilizar o planejamento indicado no esquema a seguir.

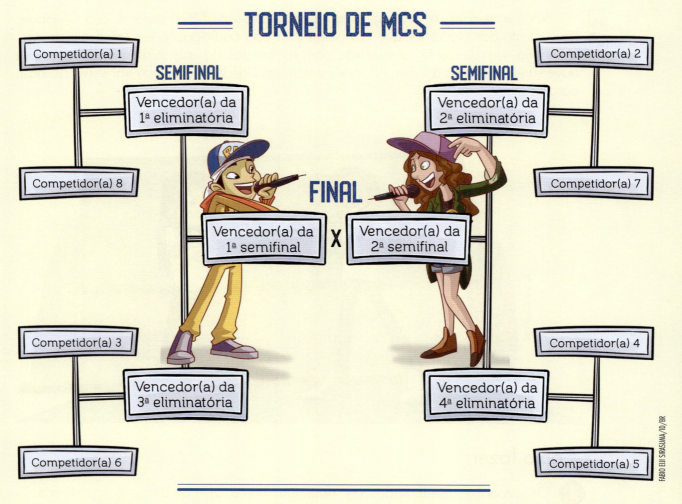

7 Em cada batalha, com base no tema, os MCs deverão criar versos e rebater os dos adversários. A palavra fica com cada competidor por cerca de um minuto.

8 Ao final da primeira rodada da batalha, com um minuto para cada duelista, inicia-se a segunda rodada de improvisações: o primeiro duelista tem mais um minuto para improvisar, e o segundo duelista tem também um minuto para rebater o adversário.

9 Após cada batalha, os jurados e a plateia devem escolher o vencedor por meio de uma votação que vai avaliar a criatividade das rimas, a rapidez da improvisação e o respeito ao público e ao adversário.

10 Os vencedores classificam-se para as fases subsequentes da competição até chegarem à grande final.

TROCANDO IDEIAS

- Com base nas perguntas a seguir, reflita sobre o que foi abordado nesta Unidade e converse com os colegas e o(a) professor(a).

    a) Quais são as quatro principais propriedades dos sons?

    b) De que maneira a composição de um álbum musical pode ocorrer? Quais são as etapas e os momentos de colaboração e troca entre os diferentes artistas nesse processo criativo?

    c) Com base na experiência que você e sua turma tiveram na seção "Mãos à obra" desta Unidade, comente a relação entre o improviso e o *rap freestyle*.

EM POUCAS PALAVRAS

Nesta Unidade, você:

- reconheceu que as músicas são feitas de sons e silêncios;
- identificou que altura, intensidade, timbre e duração são as propriedades dos sons combinadas na criação e na execução de músicas;
- conheceu diferentes maneiras de criação em música e aprendeu que os processos criativos podem durar longos períodos de tempo, como no caso da composição de uma sinfonia, ou acontecer no momento, como na improvisação do *rap* e da embolada;
- aprendeu a importância dos processos de arranjo, ensaio, gravação, mixagem e masterização para que uma música chegue ao seu formato final para os ouvintes.

PARA LER, OUVIR E VER

Livro

- ***O livro da música***, de Arthur Nestrovski. São Paulo: Companhia das Letrinhas, 2000.

    Nesse livro, o compositor e violonista brasileiro Arthur Nestrovski (1959-) compartilha histórias sobre sua profissão e sua paixão pela música. A obra também contém alguns textos explicativos sobre termos e características do som e do mundo da música.

Site

- **Orquestra Maré do Amanhã**. Disponível em: https://maredoamanha.org/. Acesso em: 25 mar. 2022.

    Site que disponibiliza informações e vídeos das apresentações da Orquestra Maré do Amanhã.

REFERENCIAL BIBLIOGRÁFICO COMENTADO

BOAL, Augusto. *Jogos para atores e não atores*. Rio de Janeiro: Civilização Brasileira, 2005.

> Nesse livro, é possível encontrar a descrição detalhada de diversos jogos para atores e não atores desenvolvidos por Augusto Boal (1931-2009), um dos principais nomes do teatro brasileiro.

COURTNEY, Richard. *Jogo, teatro e pensamento*. São Paulo: Perspectiva, 2010.

> O autor baseia-se em aspectos da psicologia e da filosofia para estabelecer uma relação entre o jogo e o teatro.

FULLMAN, Joe. *O grande livro de música*: um livro fascinante para você saber mais sobre música e os instrumentos da orquestra. Jandira: Ciranda Cultural, 2015.

> O autor aborda o universo da música apresentando os principais instrumentos de uma orquestra e tecnologias de gravação. Por meio de um aplicativo de celular associado ao livro, é possível ouvir os instrumentos e outros arquivos sonoros mencionados na obra.

NACHMANOVITCH, Stephen. *Ser criativo*: o poder da improvisação na vida e na arte. São Paulo: Summus, 1993.

> Nessa obra, o autor discute a importância da criatividade e o poder da improvisação em diversas linguagens artísticas e também na vida cotidiana.

OSTROWER, Fayga. *Acasos e criação artística*. Campinas: Ed. da Unicamp, 2013.

> Nesse livro, a artista plástica Fayga Ostrower (1920-2001) aborda, de maneira aprofundada, alguns processos de criação artística.

OSTROWER, Fayga. *Criatividade e processos de criação*. 30. ed. Petrópolis: Vozes, 2014.

> Nessa obra, a artista explora a importância da criatividade para o processo de criação em arte, apresentando-a como um potencial do ser humano. Apesar de a autora ser uma profissional das artes visuais, suas discussões são fundamentais para as práticas nas diversas linguagens artísticas.

OSTROWER, Fayga. *Universos da arte*. Campinas: Ed. da Unicamp, 2013.

> A leitura dessa obra é uma ótima oportunidade de conhecer como as técnicas, as cores e as formas de expressão são utilizadas para a realização de obras de arte famosas no Brasil e no mundo.

RENGEL, Lenira. *Dicionário Laban*. 2. ed. São Paulo: Annablume, 2005.

> Nesse dicionário, a autora traz definições relacionadas ao método de Rudolf Laban (1879-1958), importante dançarino e coreógrafo, bem como diferentes maneiras de usar e criar movimentos.

ROCHA, Maurilio Andrade. Resistência, identidade e improviso na construção de rimas *free style* no Duelo de MCs. *Pós*: Revista do Programa de Pós-graduação em Artes da Escola de Belas-Artes da UFMG, Belo Horizonte, v. 5, n. 10, p. 230-239, nov. 2015. Disponível em: https://periodicos.ufmg.br/index.php/revistapos/article/view/15700. Acesso em: 9 fev. 2022.

> Nesse artigo, o autor aborda as origens do Duelo de MCs que ocorre desde 2007 em espaços públicos da cidade de Belo Horizonte (MG). Apresenta também o formato das batalhas de *rap* e as técnicas de improvisação utilizadas pelos duelistas.

VIANNA, Klauss. *A dança*. São Paulo: Summus, 2005.

> O bailarino, coreógrafo e professor Klauss Vianna (1928-1992) apresenta, nesse livro, o resultado de um trabalho de observação, experimentação, estudo e reflexão sobre o corpo humano – aspectos anatômicos, funcionais, psicológicos, afetivos e espirituais.